파이토시

Pytorch

딥러닝 모델

Deep Le

AI 앱 개발 입문

arning.

아즈마 유키나가 **지음**   김은철 **옮김**

SE **AKIT**
SHOEISHA

이 책의 예제 프로그램은 다음 환경에서 문제없이 동작합니다(2022년 8월 시점).

환경, 언어	버전
OS	Windows 10/11 (본문 캡처 화면은 Windows10)
브라우저	Google Chrome(Windows)
실행 환경	Google Colaboratory
Python	3.7.13 (Google Colaboratory 버전)

torch, torchvision, Pillow, matplotlib은 Google Colaboratory의 버전입니다.

라이브러리	버전
torch	1.11.0
streamlit	1.8.1
torchvision	0.12.0
pyngrok	4.1.1
Pillow	7.1.2
matplotlib	3.2.2

▶ 부록 데이터의 다운로드
부록 데이터(이 책 본문에 나오는 예제 코드)는 다음 사이트의 자료실에서 다운로드할 수 있습니다.

https://cafe.naver.com/akpublishing

▶ 주의 사항
부록 데이터에 관한 권리는 저자 및 주식회사 쇼에이사가 소유하고 있습니다. 허가 없이 배포하거나 웹 사이트에 전재하거나 할 수 없습니다.

목차

CHAPTER

0

소개

심층학습(딥러닝)은 우리 인류 문명을 지탱해 주는 중요한 기술이 되고 있습니다. 많은 나라, 기업, 혹은 개인이 심층학습 기술의 동향을 주시하고 있으며, 심층학습을 다룰 수 있는 인재의 수요는 날로 늘어나고 있습니다.

이 책에서는 이러한 심층학습의 핵심을 PyTorch와 Google Colaboratory를 사용하여 효율적으로 배웁니다. PyTorch는 구현이 간결하고 유연성과 속도가 뛰어나 인기를 얻고 있는 기계학습용 프레임워크입니다. Google Colaboratory는 환경 설정이 간단하고 실제 코드나 문장, 수식을 손쉽게 기술할 수 있는 Python의 실행 환경입니다. 이것들을 조합함으로써 심층학습을 배우기가 많이 쉬워졌습니다.

이 책에서는 PyTorch+Google Colaboratory 환경에서 CNN(합성곱 신경망), RNN(순환 신경망) 등 다양한 기계학습의 기술을 기초부터 하나씩 체험해 보며 배웁니다. PyTorch의 여러 기능과 기계학습의 구현을 차례대로 습득하고 인공지능을 탑재한 웹 앱도 구축해 봅니다.

기계학습 기술은 오늘날 세계에 큰 영향을 미치고 있는 기술입니다. 다양한 영역을 하나로 아우르며 연결하는 기술이기도 하며, 어느 분야에서든 기계학습을 배워 두면 유용할 일이 많을 것입니다. 그럼 PyTorch와 Coogle Colaboratory를 통해 재미있게 심층학습을 배웁시다.

0.1 이 책에 대해서

0.1.1 이 책의 특징

PyTorch 및 심층학습의 개요, 개발 환경인 Google Colaboratory의 설명부터 시작해서 곧바로 CNN, RNN, 인공지능을 탑재한 앱 개발로 이어집니다. 프레임워크 PyTorch를 사용하여 심층학습 기술을 쉽게 익힐 수 있습니다.

각 장에서 코드와 함께 PyTorch 사용법을 배우고 프로그래밍 언어 Python을 사용하여 심층학습을 구현합니다. 여기서는 Python에 대해 설명하지 않으므로 Python을 미리 배워 두면 책 내용을 원활하게 읽을 수 있을 것입니다.

이 책에서 이용하는 개발 환경인 Google Colaboratory는 Google 계정이 있으면 누구나 쉽게 시작할 수 있습니다. 환경 구축의 문턱이 낮아 비교적 순조롭게 PyTorch와 심층학습을 배울 수 있습니다. 또한 GPU를 무료로 이용할 수 있으므로 코드 실행 시간을 단축할 수 있습니다. 또한, Streamlit라는 프레임워크를 사용한 훈련된 모델을 탑재한 인공지능 웹 앱의 구축과 공개에 대해서도 배웁니다. 이 책을 다 읽으면 다양한 상황에서 인공지능을 활용하고 싶어지지 않을까요?

0.1.2 Python의 기초를 배운다

이 책에는 프로그래밍 언어 Python을 자세히 다루지 않지만 Python의 기초를 배우기 위한 Google Colaboratory의 노트북을 별도로 준비했습니다.

다음 URL에 준비했으니 Python의 기초에 대해 배우고 싶으신 분은 꼭 참고해 주세요.

- yukinaga/lecture_pytorch

  URL https://github.com/yukinaga/lecture_pytorch/tree/master/python_basic

0.1.3 이 책의 구성

Chapter1에서는 PyTorch와 심층학습의 개요에 대해서 설명합니다. 처음에 여기에서 전체 내용을 파악합니다. Chapter2에서는 개발 환경인 Google Colaboratory의 사용법을 설명합니다. Chapter3에서는 간단한 심층학습을 PyTorch로 구현합니다. 여기에서는 프레임워크 PyTorch의 기본적인 사용법과 심층학습 구현의 일련의 흐름을 배웁니다. Chapter4에서는 자동 미분 및 DataLoader 등, PyTorch를 능숙하게 사용하기 위해 필요한 기능을 습득합니다. Chapter5에서는 합성곱 신경망(CNN)을 배웁니다. CNN의 구조를 배우고, CNN을 이용한 이미지 분류를 PyTorch로 구현합니다. Chapter6에서는 순환 신경망(RNN)을 배웁니다. 간단한 RNN과 LSTM이나 GRU 등의 발전형도 배웁니다. Chapter7에서는 훈련한 모델과 Streamlit라는 프레임워크를 사용한 웹 앱의 구축과 공개에 대해서 배웁니다.

몇 개의 장 마지막에는 연습 과제가 있습니다. 여기에서 능동적으로 코드를 작성함으로써 PyTorch와 심층학습에 관한 이해가 더욱 깊어지지 않을까요?

0.1.4 이 책으로 할 수 있게 되는 것

이 책을 끝까지 읽은 분은 다음의 스킬을 익힙니다.

- PyTorch의 기초를 이해하고 코드를 읽고 쓸 수 있게 됩니다.
- Google Colaboratory 환경에서 심층학습을 구현할 수 있게 됩니다.

- CNN, RNN 등을 직접 구현할 수 있게 됩니다.
- 훈련한 모델을 탑재한 인공지능 웹 앱을 구축하고 공개할 수 있게 됩니다.
- 스스로 알아보면서 심층학습의 코드를 구현할 수 있는 힘을 기릅니다.

0.1.5 이 책의 주의 사항

이 책을 읽으면서 다음에 주의하세요.

- 이 책은 결과물을 구현하는 데 중점을 두고 있습니다. 프레임워크 PyTorch의 전체 내용을 망라하는 대신 PyTorch를 이용해 심층학습에 입문하는 첫 단계입니다.
- 이 책에서는 프로그래밍 언어 Python에 대해 자세히 설명하지 않습니다. Python을 배우고 싶은 분은 다른 책을 참고해 주세요.
- 그래프를 그리기 위해 라이브러리 matplotlib을 사용합니다.
- Google Colaboratory를 사용하기 위해 Google 계정이 필요합니다.
- Chapter7의 일부 내용은 어느 정도 스스로 조사해야 합니다.
- Chapter7에서는 GitHub 계정을 사용합니다. Chapter7은 오픈 소스를 전제로 진행합니다. 인공지능 웹 앱의 소스코드는 GitHub에 공개됩니다.

0.1.6 이 책의 대상 독자

이 책의 대상 독자는 다음과 같은 분들입니다.

- 인공지능과 기계학습에 관심이 많은 분
- 프레임워크 PyTorch를 사용하고 싶은 분
- 심층학습의 구현을 효율적이고 콤팩트하게 배우고 싶은 분
- 심층학습의 개요를 구현을 통해 파악하고 싶은 분
- 실무에서 기계학습을 사용하고 싶은 기업의 직원
- 전문 분야에서 인공지능을 응용하고 싶은 연구자, 엔지니어
- 유용한 심층학습용 프레임워크를 찾고 있는 분

0.1.7 이 책의 사용법

이 책은 일단 읽는 것만으로도 배움이 되지만, 가능하면 Python 코드를 실행하면서 읽는 것이 바람직합니다. 이 책에서 사용하는 코드는 이 책의 부속 데이터 다운로드 사이트에서 다운로드할 수 있으므로 이 코드를 기반으로 시행 착오를 반복해보는 것도 추천합니다. 실제로 스스로 코드를 수정해 봄으로써 구현 방식을 더 깊게 이해할 수 있고 동시에 심층학습 자체에 흥미가 더욱 커질 것입니다.

개발 환경으로 Google Colaboratory를 사용하는데, 사용 방법은 Chapter2에서 설명합니다. 이 책에서 사용하는 Python의 코드는 노트북 형식의 파일로 다운로드할 수 있습니다. 이 파일을 Google Drive에 업로드하면 이 책에서 설명하는 코드를 직접 실행할 수도 있고, 장 마지막의 연습에 사용할 수도 있습니다.

또한 노트북 파일에는 Markdown 기법으로 문장을, LaTeX 형식으로 수식을 작성할 수 있습니다. 가능한 한 노트북 내에서 학습이 완결되게 구성했습니다.

이 책은 누구나 배울 수 있도록 조금씩 친절하게 설명하려고 신경 썼지만, 설명을 한 번만 보고서는 이해하기 어려울 수도 있습니다. 그럴 때는 너무 조급해하지 말고 시간을 들여 조금씩 이해하는 것이 좋습니다. 때로는 어려운 코드도 있을 텐데 이해하기 어려운 것 같으면 차분히 해당 부분을 다시 읽거나, 인터넷 등을 검색하거나, 검증용 코드를 작성하면서 이해해 봅시다.

인공지능 전문가뿐만 아니라 많은 사람들에게 심층학습을 배우는 것은 커다란 의의가 있습니다. 호기심과 탐구심을 갖고 가볍게 시도와 실패를 반복해 시행착오를 바탕으로 다양한 심층학습 기술을 익혀 나갑시다.

PyTorch와 심층학습

이 장은 이 책에서 학습을 시작하기 위한 소개입니다. PyTorch의 개요 및 심층학습의 개요를 설명합니다.

1.1 PyTorch

PyTorch의 전체 내용을 파악하기 위해서 우선 그 개요를 설명합니다.

1.1.1 PyTorch의 개요

PyTorch는 2016년에 등장한 비교적 새로운 기계학습 라이브러리로, 처음에는 Facebook의 인공지능 연구 그룹 Facebook AI Research lab(FAIR)에서 개발했습니다.

- PyTorch 공식 사이트
  URL https://pytorch.org/

해외를 중심으로 커뮤니티가 활발하고 공식 문서도 충실하며, 더욱이 온라인에도 정보가 풍부하기 때문에 구현에 필요한 정보에 신속하게 구할 수 있는 장점이 있습니다.

- PyTorch 공식 문서
  URL https://pytorch.org/docs/stable/index.html

PyTorch는 Python의 인터페이스가 더욱 세련되며 주류가 되고 있지만 C++ 인터페이스도 사용할 수 있습니다. 이 책에서 다루는 것은 이 중 Python 인터페이스입니다.

또한, PyTorch에서는 Define by Run 방식이 채용되고 있습니다. Define by Run 방식은 데이터를 흘리면서 네트워크의 정의와 연산을 수행하는 계산 방식으로, 유연하고 직관적으로 알기 쉬운 코드를 쓸 수 있다는 장점이 있습니다.

그에 반해 TensorFlow 등의 프레임워크에서는 정적인 네트워크를 기술한 다음 실제로 데이터를 이용해 계산해서 속도 면에서 뛰어난 Define and Run 방식이 쓰이고 있습니다.

그리고 PyTorch에서 Tensor 클래스에 의해 데이터를 다룹니다. Tensor를 이용함으로써 큰 데이터를 GPU에서 고속으로 처리할 수 있습니다.

PyTorch는 주로 다음의 3가지 모듈로 형성됩니다.

- autograd(자동 미분)

autograd는 PyTorch에서 자동 미분을 수행하는 핵심 모듈입니다. autograd는 Tensor의 연산을 기록하고 연산의 경사(gradient, 변수에 대한 미분 값)를 자동으로 계산합니다. 이를 통해 역전파 알고리즘(백프로퍼게이션)을 사용하여 모델의 파라미터를 업데이트할 수 있습니다. 즉, autograd는 네트워크의 정방향 계산을 정의하고, 역방향으로 경사를 자동으로 계산하여 파라미터 업데이트를 가능하게 합니다.

자동 미분에 대해서는 4.1절 자동 미분에서 다시 자세하게 설명합니다.

- optim

optim 모듈은 다양한 최적화 알고리즘을 구현한 패키지입니다. 최적화 알고리즘은 손실 함수의 값을 최소화하거나 최대화하는 방향으로 모델의 파라미터를 조정하는 데 사용됩니다. optim 모듈은 확률적 경사 하강법(SGD)부터 자주 사용되는 알고리즘인 Adam, RMSProp 등을 제공합니다. optim 모듈을 사용하여 모델의 파라미터를 업데이트하고 최적화 과정을 관리할 수 있습니다. 예를 들어, 손실 함수의 값을 계산하고 그래디언트를 계산한 후, optim 모듈을 사용하여 파라미터를 업데이트합니다.

- nn

nn 모듈은 신경망 모델을 구축하는 데 사용되는 핵심 모듈입니다. 이 모듈은 다양한 종류의 층(Layer), 활성화 함수, 손실 함수 등을 포함하고 있습니다. nn 모둘은 모델을 구성하는 각 구성 요소를 클래스 형태로 제공하여 모델을 쉽게 정의하고 구축할 수 있도록 도와줍니다. 예를 들어, nn.Linear는 선형 층을 나타내며, nn.Conv2d는 2D 합성곱 층을 나타냅니다. 이러한 층들을 조합하여 사용자가 원하는 구조의 신경망 모델을 구성할 수 있습니다. nn 모듈은 또한 모델의 정방향 계산을 수행하는 기능을 제공하며, 이를 통해 입력 데이터를 모델에 통과시키고 예측 값을 얻을 수 있습니다.

이러한 모듈을 활용하여 Chapter3 이후 심층학습을 구현해 나갑니다.

PyTorch의 소스 코드는 오픈 소스로 관리되며 코드가 계속해서 갱신·수정되고 있습니다.

• PyTorch의 소스 코드(GitHub)
  URL https://github.com/pytorch/pytorch

또한, PyTorch Lightning, Catalyst, fast.ai 등 다양한 심층학습용 프레임워크가 PyTorch에서 구축되어 있습니다. PyTorch는 그대로 사용하는 것뿐만 아니라 다른 프레임워크의 기반이 되고 있습니다.

이처럼 PyTorch는 간결함, 유연성, 속도의 균형이 뛰어나며, 범용성이 높아, 요즘 인기가 높은 심층학습 관련 프레임워크입니다. 실제로 최신의 논문 구현 및 인공지능을 탑재한 앱, 기계학습의 경진 대회 등에서 PyTorch가 많이 사용되고 있습니다.

PyTorch를 다룰 수 있으면 여러 가능성이 넓어지므로 이 책을 통해 그 기본적인 사용법을 익혀 나갑시다.

1.2 심층학습

심층학습(딥러닝)의 개요를 설명합니다. 여러 층으로 이루어진 신경망(뉴럴 네트워크)의 학습은 심층학습이라고 하며, 공업, 과학 및 예술 등 폭넓은 분야에서 활용되고 있습니다.

1.2.1 인공지능, 기계학습, 심층학습

먼저, 심층학습, 기계학습, 인공지능의 개념을 정리합니다. 심층학습은 기계학습의 한 기법이며, 기계학습은 인공지능의 한 분야입니다.

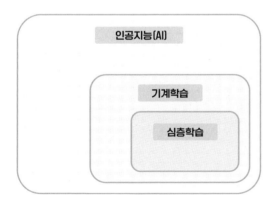

▲ 인공지능, 기계학습, 심층학습

인공지능(AI)이란 글자 그대로 인공적으로 만들어진 지능을 말합니다. 그러나 애초에 지능이란 무엇일까요? 지능의 정의에는 여러 가지가 있는데, 환경과의 상호 작용에 따른 적응, 사물의 추상화, 타인과의 커뮤니케이션 등, 다양한 뇌가 가진 지적 능력이라고 생각할 수 있습니다.

그런 지능이 뇌를 떠나 인공적인 컴퓨터에서 재현되게 하려고 합니다. 범용성이라는 점에서는 아직 사람을 비롯한 동물의 지능에는 크게 뒤지지만, 컴퓨터의 연산 능력의 기하급수적인 향상을 덕분에 인공지능은 눈부신 발전을 계속하고 있습니다. 이미 체스, 바둑 등의 게임이나 번역, 의료용 이미지 해석 등, 일부 분야에서 인공지능이 인간을 능가하고 있습니다. 사람의 뇌처럼 극히 범용성이 높은 지능을 실현하는 것은 아직 어렵지만 인공지능은 이미 여러 분야에서 인간을 대체하거나 인간을 넘어서고 있습니다.

기계학습은 인공지능 분야의 하나로, 인간 등 생물의 학습 능력에 가까운 기능을 컴퓨터로 재현하려고 하는 기술입니다. 기계학습의 응용 범위는 넓고, 예를 들어 검색 엔진, 기계 번역, 문장 분류, 시장 예측, 작화나 작곡 등의 예술, 음성 인식, 의료, 로봇 공학 등 다방면에 걸쳐 있습니다. 기계학습에는 다양한 기법이 있고, 응용 분야의 특성에 따라 기계학습의 기법도 적절하게 선택해야 하며, 지금까지 다양한 알고리즘이 고안되었습니다.

요즘 여러 분야에서 높은 성능을 발휘해서 주목받는 심층학습은 기계학습 기법의 하나로 이 책에서 PyTorch와 함께 다루는 기술입니다. 심층학습은 그 이름 그대로 많은 층을 가진 깊은 신경망을 사용한 학습인데, 신경 세포의 네트워크를 모델로 한 신경망을 기반으로 하고 있습니다.

1.2.2 신경 세포

심층학습은 신경망을 기반으로 하는데, 이것은 생물의 신경 세포(뉴런)가 만드는 네트워크를 모방하고 있습니다. 다음 사진은 쥐의 대뇌 피질의 신경 세포입니다. 신경 세포는 염색되어 있고, 이미지는 확대되어 있습니다. 이 신경 세포의 크기는 수 마이크로미터 정도입니다. 마치 나무 가지와 뿌리 같은 것이 뻗어나 다른 신경 세포와 연결되어 있는 모습을 볼 수 있습니다.

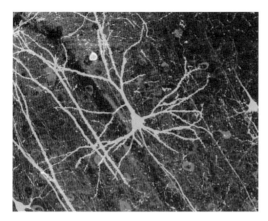

▲ 쥐의 대뇌 피질의 신경 세포(출처: https://en.wikipedia.org/wiki/Neuron)

뇌 전체에서는 여러 종류의 신경 세포가 1000억 개 정도 있다고 합니다.

1.2.3 신경 세포의 네트워크

그럼, 이 신경 세포의 구조 및 다수의 신경 세포가 형성하는 네트워크를 그림으로 살펴봅시다.

다음 그림의 신경 세포에 주목하세요.

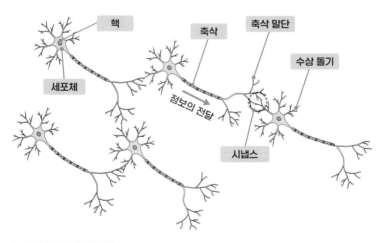

▲ 신경 세포의 네트워크

신경 세포에는 세포체로부터 수상 돌기라는 나뭇가지처럼 생긴 돌기가 뻗어 있습니다. 수상 돌기는 다수의 신경 세포로부터 신호를 받습니다. 받은 신호를 이용해서 세포체에서 연산이 이루어져서 새로운 신호가 만들어집니다. 만들어진 신호는 긴 축삭을 통해서 축삭 말단까지 도달합니다. 축삭 말단은 다수의 다른 신경 세포 혹은 근육과 연결되어 있으며 신호를 다음에 전달할 수 있습니다. 이처럼 신경 세포는 여러 개의 정보를 통합하고, 새로운 신호를 만들어 다른 신경 세포에 전달하는 역할을 담당하고 있습니다.

또한, 이러한 신경 세포와 다른 신경 세포의 접합부는 시냅스라고 합니다. 시냅스에는 복잡한 매커니즘이 있는데 결합 강도가 강해지거나 약해짐으로써 기억이 형성된다고 합니다.

이러한 시냅스는 신경 세포 1개당 1000개 정도 있습니다. 신경 세포는 약 1000억 개이므로 뇌 전체에 100조 개 정도의 시냅스가 있는 것입니다. 이렇게 매우 많은 시냅스에 의해 복잡한 기억 혹은 의식이 형성됩니다.

1.2.4 신경망과 뉴런

이제 컴퓨터의 신경 세포 혹은 신경 세포 네트워크의 모델화에 대해서 설명합니다. 먼저 앞으로 사용할 용어에 대해서 조금 설명합니다.

컴퓨터에서 모델화된 신경 세포를 인공 뉴런(Artificial Neuron)이라고 합니다. 또한, 컴퓨터의 모델화된 신경 세포 네트워크를 인공 신경망(Artificial Neural Network)이라고 합니다. 하지만 앞으로는 간단히 하기 위해서 컴퓨터의 인공 뉴런과 인공 신경망을 그냥 뉴런과 신경망이라고 부르겠습니다. 뉴런의 전형적인 구조를 살펴봅시다.

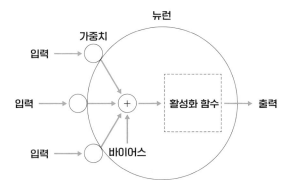

▲ 뉴런의 구조

뇌의 뉴런에서는 여러 개의 신호가 수상 돌기(입력)로 들어오고, 그 신호들을 처리한 뒤 하나의 출력이 발생합니다. 인공 신경망은 뉴런의 이러한 동작을 모방한 것입니다.

인공 신경망에서 각 입력에는 가중치라는 값이 곱해집니다. 가중치는 결합 하중이라고도 부르며 입력마다 다릅니다. 이 가중치가 뉴런의 입력 신호의 전달 효율성을 나타냅니다. 가중치가 크면 그만큼 많은 정보가 흘러가게 됩니다.

가중치와 입력의 곱의 총합에는 바이어스(편향)라고 불리는 상수가 더해집니다. 바이어스는 뉴런의 활성화 정도를 조절하는 역할을 합니다. 바이어스 값의 크기에 따라 뉴런이 얼마나 쉽게 흥분되는지가 결정됩니다.

입력과 가중치의 곱의 총합에 바이어스를 더한 값은 활성화 함수라는 특별한 함수로 처리됩니다. 활성화 함수는 입력을 뉴런의 흥분 상태를 나타내는 신호로 변환합니다. 이러한 뉴런들이 연결된 네트워크가 신경망(뉴런 네트워크)입니다.

1.2.5 신경망의 구조

다음에 신경망의 구조를 설명합니다. 다음 그림은 전형적인 신경망입니다.

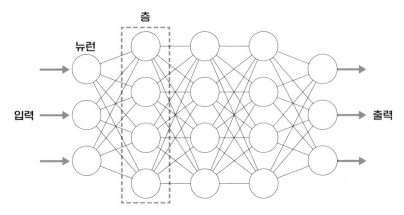

▲ 신경망의 예

신경망은 여러 개의 뉴런으로 이루어져 있으며, 뉴런은 층 형태로 나열되어 있습니다. 각 뉴런은 이전 층의 모든 뉴런과 다음 층의 모든 뉴런과 연결되어 있습니다.

신경망은 여러 개의 입력을 받아들이고, 이를 통해 정보를 전달하여 결과를 출력합니다. 출력은 주로 확률이나 예측값으로 해석할 수 있으며, 신경망을 사용하여 예측을 수행할 수 있습니다. 뉴런의 수나 층의 수를 조절함으로써 신경망은 더 복잡한 문제를 해결할 수 있게 됩니다. 전형적인 신경망은 각 뉴런이 간단한 계산을 수행하고, 뉴런들이 층을 형성하며 연결되는 방식으로 구성됩니다. 이러한 구조를 통해 신경망은 입력 데이터를 효과적으로 처리하고, 복잡한 패턴을 학습하고 예측할 수 있습니다.

1.2.6 백프로퍼게이션(오차역전파법)

여기에서 백프로퍼게이션을 이용한 신경망 학습에 대해서 설명합니다.

신경망은 출력과 정답의 오차가 줄어들도록 파라미터(가중치나 바이어스 등)를 조정해서 학습할 수 있습니다.

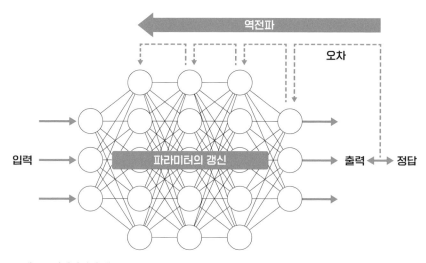

▲ 백프로퍼게이션의 예

각 뉴런에서 한 층씩 올라가면서 신경망에서 오차를 거꾸로 전달(역전파)해서 경사(그래디언트)를 계산합니다. 이렇게 계산된 경사에 따라 파라미터를 갱신하는데, 이 알고리즘은 백프로퍼게이션(backpropagation) 혹은 오차역전파법이라고 합니다. 여기서 경사란 해당 뉴런의 출력에 대한 변화에 따른 오차의 민감도를 의미합니다. 경사에 대해서는 3.5절 최적화 알고리즘에서 다시 설명하겠습니다.

백프로퍼게이션은 데이터가 신경망을 통과할 때, 입력층부터 출력층으로 순방향으로 전파됩니다. 그 후, 출력층에서부터 역방향으로 오차를 거슬러 올리면서 각 층에서의 경사를 계산합니다. 이렇게 데이터가 신경망을 거슬러 올라가게 해서 네트워크 각 층의 파라미터를 조정합니다. 이 과정을 반복하여 신경망이 최적의 파라미터를 찾고 예측을 개선하게 됩니다.

1.2.7 심층학습(딥러닝)

많은 층으로 이뤄진 신경망의 학습은 심층학습(Deep learning, 딥러닝)이라고 합니다. 다음 그림은 심층학습에 사용되는 다층 신경망의 예입니다.

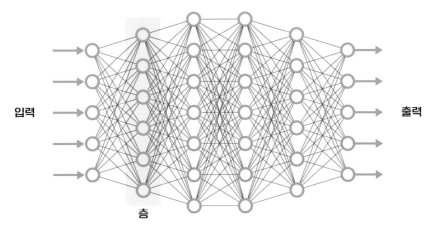

입력　　　　　　　　　　　　　　　　　　　　　　출력

층

▲ 다수의 층으로 이뤄진 신경망

심층학습은 사람의 지능에 가깝거나 더 나은 성능을 보이기도 합니다. 하지만 몇 개의 층이 있어야 심층학습이라고 부를지에 대해서는 명확한 기준은 없습니다. 그래서 여러 개의 층이 겹쳐진 신경망으로 학습하는 것을 막연하게 심층학습이라고 부르는 것 같습니다.

일반적으로 층의 수가 많을수록 신경망은 더 다양한 것을 표현할 수 있습니다. 하지만 그만큼 학습이 어려워집니다. 심층학습은 다른 방법들과 비교했을 때 많은 경우에 더 정밀하고 정확한 결과를 얻을 수 있습니다. 그래서 특정한 분야에서는 인간의 능력을 넘어서기도 합니다.

또한, 심층학습은 쓰임새에 한계가 없다는 점도 특기할 만합니다. 지금까지 인간만 할 수 있던 많은 분야에서 부분적으로나마 인간을 대체하고 있습니다. 심층학습은 많은 가능성을 가지고 있으며 그 성과는 세상에 영향을 미치고 있습니다. 앞으로, 지금까지 상상도 못했던 분야에도 서서히 적용되어 갈 것으로 예상됩니다.

이 책에서는 이러한 심층학습을 PyTorch를 사용해 구현합니다. 신경망의 층을 구현하고, 그것을 거듭하도록 해서 심층학습을 구축해 나갑니다.

1.3 정리

Chapter1에서 배운 것을 정리합니다.

이번 장에서는 PyTorch와 심층학습의 개요에 대해서 배웠습니다. 이 책에서는 Google Colaboratory 환경에서 이 PyTorch를 사용하여, 다양한 심층학습의 기술을 배웁니다. 코드를 작성하면서 시행 착오를 거듭하여 PyTorch를 이용한 심층학습의 구현에 익숙해집시다.

다음 장부터는 실제로 Google Colaboratory 환경에서 Python의 코드를 작성해 나갑니다.

개발 환경

이 책에서 사용하는 개발 환경, Google Colaboratory의 개요와 사용법을 설명합니다. Google Colaboratory는 뛰어난 기능으로 GPU를 이용할 수 있음에도 불구하고 무료로 쉽게 시작할 수 있습니다.

이 장에는 다음 내용을 다룹니다.

- Google Colaboratory를 시작하는 방법
- 노트북을 다루는 방법
- 세션과 인스턴스
- CPU와 GPU
- Google Colaboratory의 다양한 기능
- 연습

처음에 Google Colaboratory를 시작하는 방법, 그리고 코드 및 문장을 기술할 수 있는 노트북을 다루는 방법을 설명합니다.

또한, CPU와 GPU, 그리고 세션과 인스턴스에 대해서 설명합니다. 심층학습에는 큰 계산량이 필요할 때가 많으므로 이러한 개념을 파악해 두는 것이 중요합니다.

그런 다음에 Google Colaboratory의 각 설정과 다양한 기능을 설명합니다. Google Colaboratory는 인공지능 학습과 연구에 매우 편리한 환경이므로 사용법을 익혀서 언제든지 손쉽게 코드를 시험할 수 있도록 합시다.

2.1 Google Colaboratory 시작하는 방법

Google Colaboratory는 Google이 제공하는 연구·교육용의 Python 실행 환경으로 클라우드에서 동작합니다. 브라우저에서 아주 손쉽게 기계학습의 코드를 시험할 수 있고, 게다가 GPU도 무료로 이용할 수 있어서 최근 인기가 높아지고 있습니다. Google Colaboratory를 줄여서 Colab(코랩)이라고 부르기도 합니다.

2.1.1 Google Colaboratory 사전 준비

Google Colaboratory를 사용하기 위해서는 Google 계정이 있어야 합니다. 없는 분은 다음의 URL에서 만듭시다.

- **Google 계정 만들기**

  URL https://myaccount.google.com

계정이 만들어진 것을 확인한 후 다음의 Google Colaboratory 사이트에 접속합시다.

- **Google Colaboratory 사이트**

  URL https://colab.research.google.com

따로 창이 표시되고 파일 선택이 요구되기도 하는데 일단 취소합니다.

다음과 같이 도입 페이지가 표시되는 것을 확인합시다.

▲ Google Colaboratory의 도입 페이지

Google Colaboratory는 클라우드에서 동작하므로 단말 PC에 설치할 필요
는 없습니다.

2.1.2 노트북의 사용법

먼저 Google Colaboratory 노트북을 만듭시다. 페이지 왼쪽 위, 파일에서 새
노트를 선택합니다.

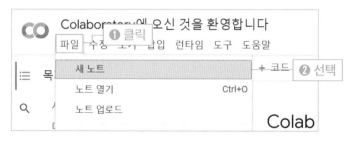

▲ 새 노트

노트북이 생성되어 새로운 탭에 표시됩니다. 노트북은 .ipynb라는 확장자를 가지며, Google Drive의 Colab Notebooks 폴더에 저장됩니다.

▲ 노트북의 화면

앞의 화면에서는 윗부분에 메뉴 등이 표시되어 있고, 여러 가지 기능을 사용할 수 있습니다. 노트북의 이름은 생성 직후에는 Untitled0.ipynb 등으로 되어 있는데 메뉴에서 파일 → 이름 바꾸기를 선택하면 변경할 수 있습니다. my_notebook.ipynb 등과 같이 원하는 이름으로 변경을 해 둡시다.

Python 코드는 화면 중앙에 위치하는 코드 셀이라는 곳에 입력합니다. 다음과 같은 코드를 입력한 다음, Shift + Enter 키(macOS의 경우는 Shift + Return 키)를 눌러 봅시다. 코드가 실행됩니다.

▼ 입력하는 코드

```
print("Hello World!")
```

위 코드를 실행하면 코드 셀의 아랫 부분에 다음과 같은 실행 결과가 표시됩니다.

▼ 실행 결과

```
Hello World!
```

Google Colaboratory의 노트북에서 Python의 코드를 실행할 수 있었습니다. 코드 셀이 가장 아래에 위치하는 경우, 새로운 셀 하나가 아래에 자동으로 추가됩니다.

▲ 새로운 셀 하나가 아래에 자동으로 추가된다.

코드는 Ctrl + Enter 키로 실행할 수도 있습니다. 이 경우, 코드 셀이 가장 아래에 있어도 새로운 셀이 아래에 추가되지 않습니다. 같은 셀이 선택된 상태입니다. 코드는 셀 왼쪽의 셀을 실행 버튼(▶)으로 실행할 수도 있습니다.

이상으로 Google Colaboratory에서 Python 코드를 실행할 준비가 되었습니다. 개발 환경을 구축하는 데 거의 손이 가지 않는 것도 Google Colaboratory의 큰 장점입니다.

2.1.3 다운로드한 파일 다루는 법

이 책의 예제 코드는 .ipynb 형식의 파일로 Google Drive에 업로드하면 Google Colaboratory에서 열 수 있습니다. 한번 Google Drive에 업로드한 .ipynb 형식의 파일은 파일을 우클릭하고 연결 앱 → Google Colaboratory를 선택하는 방법으로 열 수 있습니다.

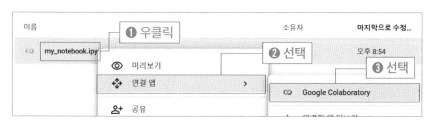

▲ Google Drive의 노트북을 연다.

2.2 세션과 인스턴스

Google Colaboratory에는 세션과 인스턴스에 관해 90분 규칙과 12시간 규칙이라는 독자적인 규칙이 있습니다. 학습에 오랜 시간이 걸릴 때 특히 중요하므로 이러한 규칙이 있음을 파악해 둡시다.

2.2.1 세션과 인스턴스

인터넷에서 세션은 접속을 확립하고 나서 끊을 때까지 일련의 통신을 말합니다. 예를 들어, 어떤 웹 사이트에 접속해서 그 사이트를 떠나거나 브라우저를 닫을 때까지 혹은 로그인에서 로그아웃까지가 하나의 세션입니다. 세션은 어떤 활동을 계속 하고 있는 상태를 말하며, 활동 종료와 동시에 세션도 종료되는데, 일정 시간 활동이 중지되고 있으면 자동적으로 종료되는 경우도 있습니다.

인스턴스는 소프트웨어로 구현된 가상적인 컴퓨터 또는 머신을 가리킵니다. Google Colaboratory에서는 사용자가 새로운 노트북을 열 때마다 인스턴스가 시작됩니다. 인스턴스는 사용자가 코드를 실행하고 결과를 확인하는 데 사용되며, 사용자의 작업 환경을 제공합니다. 인스턴스는 사용자가 작업을 마치고 노트북을 닫으면 종료됩니다. Google Colaboratory에서는 개개인의 Google 계정과 결합한 인스턴스를 가동할 수 있고, 그중에서 GPU나 TPU를 이용할 수 있습니다.

2.2.2 90분 규칙

90분 규칙이란 노트북의 세션이 끊기고 나서 90분 정도 경과하면 인스턴스가 소멸되는 규칙을 말합니다. 여기에서 그 인스턴스가 소멸되는 과정에 대해 설명합니다. Google Colaboratory를 시작하기 위해 새로 노트북을 여는데, 그때 새로 인스턴스가 가동됩니다. 그리고 인스턴스가 기동 중에 브라우저를 닫거나 PC가 슬립에 들어가거나 하면 세션이 끊깁니다. 이렇게 해서 세션이 끊기고 나서 90분 정도 경과하면 인스턴스가 소멸됩니다. 인스턴스가 소멸되면 학습이 다시 시작되기 때문에 더욱 긴 시간 학습하고 싶은 경우는 노트북을 항상 활성화된 상태로 유지하거나 학습 중인 파라미터를 Google Drive에 저장하는 등의 대책을 세워야 합니다.

2.2.3 12시간 규칙

12시간 규칙이란 새로운 인스턴스를 기동하고 나서 최장 12시간이 경과하면 인스턴스가 소멸되는 규칙을 말합니다. 새로 노트북을 열면 새로운 인스턴스가 가동되는데 그 동안, 새로 노트북을 열어도 같은 인스턴스가 사용됩니다. 그리고 인스턴스의 기동으로부터 즉 처음에 새로 노트북을 열었을 때부터 최장 12시간 경과하면 인스턴스가 소멸됩니다. 따라서 더욱 오랜 시간 학습을 하고 싶을 때는 학습 중인 파라미터를 Google Drive에 저장하는 등의 대책을 세워야 합니다.

2.2.4 세션 관리

메뉴에서 런타임 → 세션 관리에서 세션의 목록이 표시됩니다. 이 화면에서는 현재 활성화된 세션을 파악하거나 특정 세션을 닫을 수 있습니다.

활성 세션			
제목	마지막 실행	사용된 RAM	
▲ Untitled0 현재 세션	0분 전	0.85 GB	종료

▲ 세션의 목록

2.3 CPU와 GPU

Google Colaboratory에서는 GPU를 무료로 이용할 수 있습니다. 계산 시간이 대폭 단축되므로 적극적으로 이용해 봅시다.

2.3.1 CPU, GPU, TPU

Google Colaboratory에서는 CPU, GPU, TPU를 이용할 수 있습니다.

CPU(Central Processing Unit)는 컴퓨터의 중앙 처리 장치입니다. CPU는 입력 장치 등으로부터 받은 데이터에 대해 연산을 실시하고, 결과를 출력 장치 등으로 출력합니다.

반면 GPU(Graphics Processing Unit)는 이미지 처리에 특화된 연산 장치입니다. 그러나 GPU는 이미지 처리 이외에도 활용됩니다. CPU보다 병렬 연산 성능이 뛰어나서 행렬 연산을 잘하므로 심층학습에 많이 이용됩니다.

GPU와 CPU의 차이점 중 하나는 코어 수입니다. 코어는 실제로 연산 처리를 실시하는 곳으로, 코어 수가 많으면 한 번에 처리할 수 있는 작업의 수가 많아집니다. CPU의 코어 수는 일반적으로 2에서 8개 정도인 반면 GPU의 코어 수는 수천 개에 달합니다.

GPU의 작동 원리는 비유하자면 '인해 전술'과 같습니다. GPU는 간단한 처리밖에 할 수 없지만 많은 작업자들이 동시에 작업함으로써 태스크에 따라서는 매우 효율적으로 작업을 진행할 수 있습니다.

그 반면 CPU는 '소수 정예'로 PC 전체를 관리하는 범용 플레이어입니다. OS,

애플리케이션, 메모리, 스토리지, 외부와의 인터페이스 등 다양한 유형의 처리를 순차적으로 다뤄야 하며, 태스크를 차례대로 빠르게 처리해 나갑니다.

GPU는 메모리에 순차적으로 접근하고, 조건 분기가 없는 계산에 강한 특성이 있습니다. 그러한 요건을 충족하는 계산에 행렬 계산이 있습니다. 심층학습에서는 매우 많은 행렬 연산이 이뤄지므로 GPU가 활약합니다.

TPU(Tensor Processing Unit)는 Google에서 개발한 기계학습에 특화된 특정 용도용 집적 회로입니다. 특정 조건에서는 GPU보다 빠르기도 합니다.

Google Colaboratory에서는 GPU, TPU 모두 무료로 사용할 수 있지만, 이 책에서는 널리 일반적으로 사용되는 GPU를 주로 사용합니다.

2.3.2 GPU 사용법

Google Colaboratory에서는 GPU를 무료로 사용할 수 있습니다. GPU는 특히 대규모 계산에서 눈에 띄게 빠른 속도를 보여 줍니다.

GPU는 메뉴에서 수정 → 노트 설정을 선택하고, 하드웨어 가속기에 GPU를 설정하여 사용할 수 있습니다.

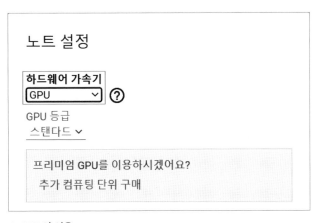

▲ GPU의 이용

또한, Google Colaboratory에서는 GPU의 이용에 시간 제한이 있습니다. GPU의 이용 시간에 대해서 자세한 내용은 다음 페이지의 리소스 제한의 기술 등을 참고해 주세요.

- Colaboratory: 자주하는 질문
  URL https://research.google.com/colaboratory/faq.html

2.3.3 성능 비교

실제로 PyTorch에 의한 심층학습 코드를 실행하여 CPU를 사용한 경우와 GPU를 사용했을 경우의 실행 시간을 비교해 봅시다.

다음 코드는 PyTorch를 사용하여 구현한 전형적인 합성곱 신경망의 코드입니다. 신경망이 5만 장의 이미지를 학습합니다.

코드를 실행하여 CPU와 GPU로 실행에 소요되는 시간을 비교합시다. 기본적으로는 CPU가 사용되지만 메뉴에서 수정 → 노트 설정을 선택하고, 하드웨어 가속기에서 GPU를 선택해서 GPU가 사용되게 됩니다.

▼ 실행 시간 측정하기
In

```
%%time

import torch
from torch import optim
import torch.nn as nn
import torch.nn.functional as F
from torchvision.datasets import CIFAR10
import torchvision.transforms as transforms
from torch.utils.data import DataLoader
```

```python
cifar10_train = CIFAR10("./data", train=True, download=True,
transform=transforms.ToTensor())
cifar10_test = CIFAR10("./data", train=False, download=True,
transform=transforms.ToTensor())

batch_size = 64
train_loader = DataLoader(cifar10_train, batch_size=batch_size,
shuffle=True)
test_loader = DataLoader(cifar10_test, batch_size=len(cifar10_test),
shuffle=False)

class Net(nn.Module):
    def __init__(self):
        super().__init__()
        self.conv1 = nn.Conv2d(3, 6, 5)
        self.pool = nn.MaxPool2d(2, 2)
        self.conv2 = nn.Conv2d(6, 16, 5)
        self.fc1 = nn.Linear(16*5*5, 256)
        self.fc2 = nn.Linear(256, 10)

    def forward(self, x):
        x = self.pool(F.relu(self.conv1(x)))
        x = self.pool(F.relu(self.conv2(x)))
        x = x.view(-1, 16*5*5)
        x = F.relu(self.fc1(x))
        x = self.fc2(x)
        return x

net = Net()
if torch.cuda.is_available():
```

```python
    net.cuda()

loss_fnc = nn.CrossEntropyLoss()
optimizer = optim.Adam(net.parameters())

record_loss_train = []
record_loss_test = []

x_test, t_test = next(iter(test_loader))
if torch.cuda.is_available():
    x_test, t_test = x_test.cuda(), t_test.cuda()

for i in range(10):
    net.train()
    loss_train = 0
    for j, (x, t) in enumerate(train_loader):
        if torch.cuda.is_available():
            x, t = x.cuda(), t.cuda()
        y = net(x)
        loss = loss_fnc(y, t)
        loss_train += loss.item()
        optimizer.zero_grad()
        loss.backward()
        optimizer.step()
    loss_train /= j+1
    record_loss_train.append(loss_train)

    net.eval()
    y_test = net(x_test)
    loss_test = loss_fnc(y_test, t_test).item()
    record_loss_test.append(loss_test)
```

```
Downloading https://www.cs.toronto.edu/~kriz/cifar-10-python.tar.gz
to ./data/cifar-10-python.tar.gz

Extracting ./data/cifar-10-python.tar.gz to ./data
Files already downloaded and verified
CPU times: user 4min 1s, sys: 5.65 s, total: 4min 6s
Wall time: 4min 21s
```

위 코드는 PyTorch를 사용하여 CIFAR-10 데이터셋으로 신경망을 학습하는 코드입니다. 데이터를 미니 배치로 나누고, 모델의 정의, Loss 함수와 옵티마이저 설정, 그리고 학습 및 평가 과정을 구현하여 CIFAR-10 데이터셋에 대해 신경망을 학습하고 성능을 평가하는 과정을 보여주고 있습니다. 위와 같은 코드를 읽는 방법에 대해서는 Chapter5에서 다시 자세히 설명합니다.

표시된 결과 중 Wall time이 전체 실행 시간입니다. 저자가 실행한 결과, CPU의 경우 Wall time은 4분 21초, GPU의 경우는 1분 33초였습니다. 이와 같이 GPU를 이용함으로써 학습에 소요되는 시간을 대폭 단축할 수 있습니다. 또한 결과는 실행 시 Google Colaboratory의 사양에 따라 변동됩니다.

2.4 Google Colaboratory의 다양한 기능

2.4.1 텍스트 셀

텍스트 셀에는 문장을 입력할 수 있습니다. 텍스트 셀은 노트북 윗 부분의 텍스트를 클릭해서 추가합니다. 텍스트 셀의 문장은 Markdown 기법으로 작성할 수 있습니다. 또한, LaTeX의 기법에 따라 수식을 기술할 수 있습니다.

▲ 텍스트 셀 추가하기

2.4.2 스크래치 코드 셀

메뉴에서 삽입 → 스크래치 코드 셀을 선택하면 손쉽게 코드를 작성하고 확인할 수 있는 셀이 화면 오른쪽에 나옵니다.

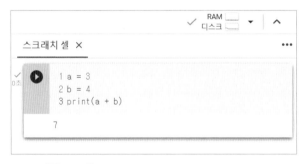

▲ 스크래치 코드 셀

스크래치 코드 셀의 코드는 닫으면 사라지므로 나중에 남길 예정이 없는 코드를 확인하고 싶을 때에 사용합시다.

2.4.3 코드 스니펫

메뉴에서 삽입 → 코드 스니펫을 선택하면 다양한 코드의 스니펫(잘라 붙여서 재이용 가능한 코드)을 노트북에 삽입할 수 있습니다.

파일 읽고 쓰기, 웹 관련 기능 등을 다루는 다양한 코드가 사전에 준비되어 있으므로 관심 있는 분은 다양한 스니펫을 사용해 봅시다.

▲ 코드 스니펫

2.4.4 코드의 실행 이력

메뉴에서 보기 → 실행된 코드 기록을 선택하면 코드의 실행 입력을 확인할 수 있습니다.

▲ 코드의 실행 기록

2.4.5 GitHub와 연계하기

Git은 서비스 개발 현장 등에서 많이 사용하는 버전 관리 시스템입니다. 그리고 GitHub는 Git 구조를 이용하여 전 세계인이 자신의 제품을 공유, 공개할 수 있도록 한 웹 서비스입니다.

- GitHub
    URL https://github.com

GitHub에서 작성된 저장소(repository)는 무료인 경우는 누구에게나 공개되지만 유료인 경우는 지정한 사용자만이 접근할 수 있는 프라이빗한 저장소를 만들 수 있습니다. GitHub는 TensorFlow나 Keras 등의 오픈 소스 프로젝트 공개에도 이용됩니다.

GitHub에 Google Colaboratory 노트북을 업로드해서 노트북을 일반에게 공개하거나 팀 내에서 공유할 수 있습니다.

GitHub 계정을 갖고 있으면 Google Colaboratory의 메뉴에서 파일 → GitHub에 사본 저장을 선택해서 기존의 GitHub의 저장소에 노트북을 업로드할 수 있습니다.

GitHub으로 복사

저장소: []
serasoul/Colabo ∨

브랜치: []
분기 없음
GitHub에서 분기 만들기

파일 경로
my_notebook.ipynb

변경사항 설명 메시지
Colaboratory를 통해 생성됨

☑ Colaboratory 링크 추가

취소   확인

▲ GitHub의 저장소에 노트북의 사본을 저장

이 밖에도 Google Colaboratory는 다양한 편리한 기능을 갖고 있으므로 꼭 시험해 봅시다.

2.5 연습

이 장의 연습은 Google Colaboratory의 기본 조작 연습입니다. 다음의 조작을 해서 코드 셀, 텍스트 셀 등의 다루는 데 익숙해집시다.

2.5.1 코드 셀 조작

코드 셀에 관한 다음과 같은 작업을 해 보겠습니다.

- 코드 셀의 신규 작성
- 코드 셀에 Python 코드를 기술하고 Hello World!라고 표시
- 다음의 Python 코드를 기술하고 실행

▼ 실행 샘플

```
a = 12
b = 34
print(a + b)
```

2.5.2 텍스트 셀 조작

텍스트 셀에 관한 다음 조작을 실시합시다.

- 텍스트 셀의 신규 생성
- 텍스트 셀에 문장을 기술

또한, 선택 중인 텍스트 셀의 윗부분에 표시되는 아이콘을 사용해 다음 조작을 실시합니다.

- 문장의 일부를 굵게 한다.
- 문장의 일부를 기울임꼴로 한다.
- 번호 매기기 목록을 추가한다.
- 글머리 기호 목록을 추가한다.

▲ 선택 중인 텍스트 셀 윗 부분에 표시되는 아이콘

다음과 같이 LaTeX의 기술을 포함하는 코드를 텍스트 셀에 기술하고, 수식이 표시되는 것을 확인합시다.

▼ LaTeX의 기술을 포함하는 코드

```
$$y=\sum_{k=1}^5 a_kx_k + \frac{b^2}{c}$$
```

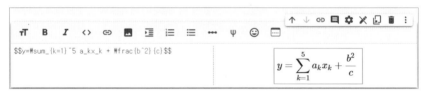

▲ 텍스트 셀에 수식을 표시한다

2.5.3 셀의 위치 변경과 삭제

코드 셀, 텍스트 셀 공통으로 오른쪽 위 아이콘을 사용해 다음 작업을 해 보겠습니다.

- 셀의 위아래 교체
- 셀의 삭제

▲ 셀 오른쪽 위의 아이콘

2.6 정리

Chapter2에서 배운 것을 정리합니다.

이번 장에서는 개발 환경인 Google Colaboratory에 대해 배웠습니다. 기본적으로 무료임에도 불구하고 환경 구축이 쉬우며, 게다가 기능도 뛰어난 실행 환경입니다.

이후 장에서는 여기서 배운 내용을 바탕으로 심층학습의 PyTorch 구현을 학습해 나갑니다. Google Colaboratory에는 이 책에서는 소개하지 않은 다양한 기능이 아직도 있으므로 관심 있는 분은 시험해 보세요.

덧붙여 이 책의 원고는 Google Colaboratory 환경에서 집필했습니다. Google Colaboratory는 기술 기사 집필에도 추천합니다.

PyTorch로 구현하는 간단한 심층학습

이번 장에서는 PyTorch를 사용하여 간단한 심층학습을 구현합니다.

이번 장에는 다음과 같은 내용을 다룹니다.

· 구현의 개요
· Tensor
· 활성화 함수
· 손실 함수
· 최적화 알고리즘
· 간단한 심층학습의 구현
· 연습

이번 장에서는 Google Colaboratory에서 간단한 심층학습을 구현합니다. 구현의 개요 설명부터 시작하는데, 그 후 PyTorch 코드를 읽고 쓰기 위해 필요한 Tensor, 활성화 함수, 손실 함수, 최적화 알고리즘 등의 개념을 차례대로 설명합니다.

그리고 PyTorch를 통한 간단한 심층학습 코드를 설명합니다. 구축한 모델은 훈련 데이터를 사용해서 훈련합니다. 그리고 이 훈련한 모델을 사용하여 미지의 데이터를 사용한 예측을 실시합니다.

마지막으로 이번 장에서 배운 내용을 연습합니다.

간단한 심층학습을 구현함으로써 PyTorch를 이용한 심층학습 구현의 전체 내용을 파악할 수 있을 것입니다. PyTorch에서 심층학습 코드를 작성하는 것에 앞으로 조금씩 익숙해집시다.

3.1 구현의 개요

심층학습의 구현에 필요한 개념 및 구현의 대략적인 순서에 대해서 설명합니다.

3.1.1 학습 파라미터와 하이퍼 파라미터

• 학습 파라미터

신경망은 다수의 학습 파라미터를 가지고 있습니다. 심층학습의 목적은 이 학습하는 파라미터를 최적화하는 것입니다.

그럼 이 학습하는 파라미터를 구체적으로 살펴봅시다. 전형적인 순환 신경망에서는 다음 그림과 같은 뉴런이 층 모양으로 나열되어 있습니다.

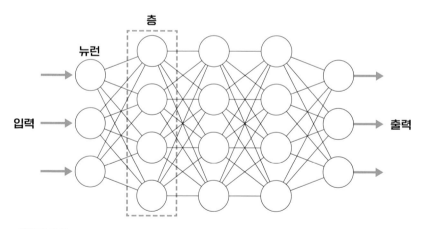

▲ 신경망의 층

1개의 뉴런으로부터의 출력이 앞뒤 층의 모든 뉴런의 입력과 연결되어 있습니다. 그러나 같은 층의 뉴런끼리는 접속되지 않습니다.

다음으로 구성 단위인 뉴런의 내부 구조를 살펴보겠습니다.

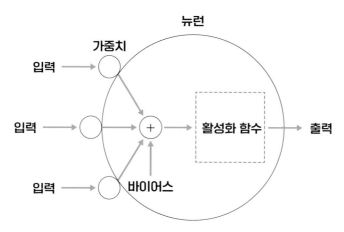

▲ 뉴런의 내부 구조

1개의 뉴런에는 여러 개의 입력이 있는데, 각각에 가중치를 곱하여 총합을 취합니다. 다음에 이것에 바이어스를 더해서 활성화 함수에 의해 처리를 실시함으로써 출력으로 합니다.

이러한 가중치와 바이어스가 이 신경망의 학습 파라미터가 됩니다. 이러한 값을 조정하고 최적화하도록 신경망은 학습합니다.

이 최적화를 위해 사용되는 것이 백프로퍼게이션(오차역전파법)이라는 알고리즘입니다. 신경망 전체에 입력과 출력이 있는데, 출력과 정답의 오차가 작아지도록 학습하는 파라미터를 조정해서 학습할 수 있습니다.

다음 그림은 백프로퍼게이션의 개요를 나타냅니다.

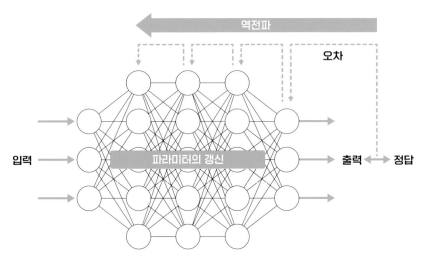

▲ 백프로퍼게이션

백프로퍼게이션에서는 신경망을 데이터가 거슬러 올라가게 하여 네트워크 각 층의 파라미터가 조금씩 조정됩니다. 이로써 네트워크는 점차 학습하여 적절한 예측이 이뤄지게 됩니다.

또한, 학습 파라미터는 전결합층에서의 가중치와 바이어스뿐만은 아닙니다. Chapter5에서는 CNN을 다루는데 합성층의 필터도 학습 파라미터를 가집니다.

앞으로 책에서 단순히 파라미터라고 쓴 경우, 이처럼 학습 파라미터를 가리키는 것으로 합니다.

· 하이퍼 파라미터

반면, 갱신되지 않고 고정된 채로 있는 파라미터를 하이퍼 파라미터라고 합니다. 층의 수나 각 층의 뉴런 수, 3.5절의 최적화 알고리즘의 종류나 상수, CNN에서의 필터 크기는 하이퍼 파라미터입니다. 학습을 순조롭게 진행하기 위해서 하이퍼 파라미터는 처음에 신중하게 설정해야 합니다.

3.1.2 순전파와 역전파

신경망에서의 입력에서 출력을 향해서 정보가 전달되는 것을 순전파라고 합니다. 어떤 입력에 대응하는 출력을 예측치라고 해석합니다. 순전파는 자주 forward라는 메서드명과 연관됩니다.

반대로 출력에서 입력을 향해 정보가 거슬러 올라가는 것을 역전파라고 합니다. 역전파는 백프로퍼게이션에 의해 이뤄지고, 신경망의 학습에 사용됩니다. 역전파는 자주 backward라는 메서드명과 연관됩니다.

다음 그림은 순전파와 역전파의 관계를 나타냅니다.

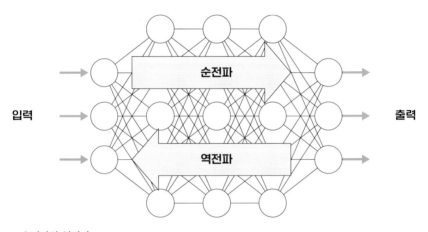

▲ 순전파와 역전파

또한, PyTorch에서 순전파 코드는 직접 작성해야 하지만 역전파는 자동으로 이뤄지므로 직접 구체적인 코드를 적지 않아도 됩니다.

3.1.3 구현 순서

이상을 바탕으로 다음의 순서로 심층학습을 구현합니다.

1. 데이터 전처리

데이터를 PyTorch의 입력으로서 적합한 형태로, 그리고 학습이 적절하게 진행되도록 변환합니다.

2. 모델 구축

층 및 활성화 함수 등을 적절한 순서로 나열하여 심층학습의 모델을 구축합니다.

3. 학습

훈련용 데이터를 사용하여 모델을 훈련합니다. 순전파 출력이 적절한 값이 되도록 역전파를 사용하여 파라미터를 조정합니다.

4. 검증

훈련한 모델이 적절하게 동작하는지 미지의 데이터(훈련 데이터에 없는 데이터)를 사용하여 검증합니다.

3.2 Tensor

Tensor는 PyTorch에서 가장 기본이 되는 데이터 구조입니다. 이번에는 Tensor의 생성, Tensor끼리의 계산, Tesor의 조작 등의 코드를 Google Colaboratory에서 연습합니다.

Tensor는 수치 계산 라이브러리 NumPy의 배열과 취급 방법이 비슷하지만, 차이점도 많습니다. 큰 차이점 중의 하나는 Tensor는 NumPy 배열과 달리 계산 이력의 유지나 자동 미분에 대응하고 있는 점입니다. 이에 대해서는 4.1절 자동 미분에서 설명합니다.

3.2.1 패키지 확인

Google Colaboratory 환경에 설치된 패키지를 모두 표시합니다.

PyTorch가 torch라는 이름으로 설치되어 있는 것을 확인합시다.

▼ Google Colaboratory 환경에서 패키지 목록을 표시

In

```
!pip list
```

Out

```
Package              Version
-------------------  -----------------
absl-py              1.4.0
aeppl                0.0.33
```

```
aesara             2.7.9
aiohttp            3.8.3
aiosignal          1.3.1
alabaster          0.7.13
albumentations     1.2.1
altair             4.2.2
appdirs            1.4.4
arviz              0.12.1
astor              0.8.1
astropy            4.3.1
...(생략)...
torch              1.13.1+cu116
torchaudio         0.13.1+cu116
torchsummary       1.5.1
torchtext          0.14.1
torchvision        0.14.1+cu116
...(생략)...
```

3.2.2 Tensor 생성

Tensor는 다양한 방법으로 생성할 수 있는데 다음 코드에서는 torch의 tensor( ) 함수로 Tensor를 생성합니다.

다음 코드에서는 Python의 torch.tensor( ) 함수를 사용하여 주어진 리스트 [1, 2, 3]을 입력받아 Tensor a를 생성합니다. 이때 리스트의 원소가 Tensor 의 값이 됩니다. 또한, type( )으로 형을 확인합니다.

▼ 리스트로부터 Tensor를 생성

In

```
import torch
```

```
a = torch.tensor([1,2,3])
print(a, type(a))
```

```
tensor([1, 2, 3]) <class 'torch.Tensor'>
```

이 밖에도 다양한 방법으로 Tensor를 생성할 수 있습니다.

▼ 다양한 방법으로 Tensor를 생성한다

In

```
print("--- 2차원 리스트로부터 생성 ---")
b = torch.tensor([[1, 2],
                  [3, 4]])
print(b)

print("--- dtype을 지정하고, 배정도의 Tensor로 한다 ---")
c = torch.tensor([[1, 2],
                  [3, 4]], dtype=torch.float64)
print(c)

print("--- 0부터 9까지 수치로 초기화 ---")
d = torch.arange(0, 10)
print(d)

print("--- 모든 값이 0인 2×3의 Tensor ---")
e = torch.zeros(2, 3)
print(e)

print("--- 모든 값이 난수인 2×3의 Tensor ---")
f = torch.rand(2, 3)
```

```
print(f)

print("--- Tensor의 형태는 size 메서드로 취득 ---")
print(f.size())
```

Out

```
--- 2차원 리스트로부터 생성 ---
tensor([[1, 2],
        [3, 4]])
--- dtype을 지정하고, 배정도의 Tensor로 한다 ---
tensor([[1., 2.],
        [3., 4.]], dtype=torch.float64)
--- 0부터 9까지의 수치로 초기화 ---
tensor([0, 1, 2, 3, 4, 5, 6, 7, 8, 9])
--- 모든 값이 0인 2×3의 Tensor ---
tensor([[0., 0., 0.],
        [0., 0., 0.]])
--- 모든 값이 난수인 2×3의 Tensor ---
tensor([[0.3647, 0.3903, 0.1724],
        [0.8843, 0.7230, 0.8892]])
--- Tensor의 형태는 size 메서드로 취득 ---
torch.Size([2, 3])
```

linspace( ) 함수를 사용하면 지정한 범위에서 연속값을 생성할 수 있습니다. 그래프의 가로축 등에 자주 사용됩니다.

▼ linspace() 함수로 Tensor를 생성하기

In

```
print("--- -5부터 5까지의 연속값을 10개 생성 ---")
g = torch.linspace(-5, 5, 10)
print(g)
```

Out

```
--- -5부터 5까지의 연속값을 10개 생성 ---
tensor([-5.0000, -3.8889, -2.7778, -1.6667, -0.5556,  0.5556,  1.6667,
2.7778, 3.8889, 5.0000])
```

3.2.3 NumPy 배열과 Tensor의 상호 변환

기계학습에서는 수치 연산 라이브러리 NumPy의 배열이 자주 사용되므로 Tensor와의 상호 변환은 중요합니다.

Tensor를 NumPy 배열로 변환하기 위해서는 numpy( ) 메서드를 사용합니다. 또한, from_numpy( ) 함수로 NumPy의 배열을 Tensor로 변환할 수 있습니다.

▼ NumPy의 배열과 Tensor의 상호 변환

In

```
print("--- Tensor → NumPy ---")
a = torch.tensor([[1, 2],
                  [3, 4.]])
b = a.numpy()
print(b)

print("--- NumPy → Tensor ---")
c = torch.from_numpy(b)
```

```
print(c)
```

```
--- Tensor → NumPy ---
[[1. 2.]
 [3. 4.]]
--- NumPy → Tensor ---
tensor([[1., 2.],
        [3., 4.]])
```

3.2.4 범위를 지정하여 Tensor의 일부에 접근

다양한 방법으로 Tensor의 일부에 범위를 지정하여 접근할 수 있습니다.

▼ 범위를 지정하여 Tensor의 요소에 접근

In

```
a = torch.tensor([[1, 2, 3],
                  [4, 5, 6]])

print("--- 2개의 인덱스를 지정 ---")
print(a[0, 1])

print("--- 범위를 지정 ---")
print(a[1:2, :2])

print("--- 리스트로 여러 개의 인덱스를 지정 ---")
print(a[:, [0, 2]])

print("--- 3보다 큰 요소만을 지정 ---")
print(a[a>3])
```

```
print("--- 요소의 변경 ---")
a[0, 2] = 11
print(a)

print("--- 요소의 일괄 변경 ---")
a[:, 1] = 22
print(a)

print("--- 10보다 큰 요소만 변경 ---")
a[a>10] = 33
print(a)
```

Out

```
--- 2개의 인덱스를 지정 ---
tensor(2)
--- 범위를 지정 ---
tensor([[4, 5]])
--- 리스트로 여러 개의 인덱스를 지정 ---
tensor([[1, 3],
        [4, 6]])
--- 3보다 큰 요소만을 지정 ---
tensor([4, 5, 6])
--- 요소의 변경 ---
tensor([[ 1,  2, 11],
        [ 4,  5,  6]])
--- 요소의 일괄 변경 ---
tensor([[ 1, 22, 11],
        [ 4, 22,  6]])
--- 10보다 큰 요소만 변경 ---
```

```
tensor([[ 1, 33, 33],
        [ 4, 33,  6]])
```

3.2.5 Tensor의 연산

Tensor끼리의 연산은 일정한 규칙에 따라 이뤄집니다. 형태가 다른 Tensor
끼리라도 조건을 충족하면 연산할 수 있습니다.

▼ Tensor의 연산

In

```
# 벡터
a = torch.tensor([1, 2, 3])
b = torch.tensor([4, 5, 6])

# 행렬
c = torch.tensor([[6, 5, 4],
                  [3, 2, 1]])

print("--- 벡터와 스칼라의 연산 ---")
print(a + 3)

print("--- 벡터끼리의 연산 ---")
print(a + b)

print("--- 행렬과 스칼라의 연산 ---")
print(c + 2)

print("--- 행렬과 벡터의 연산(브로드캐스트) ---")
print(c + a)
```

```
print("--- 행렬끼리의 연산 ---")
print(c + c)
```

```
--- 벡터와 스칼라의 연산 ---
tensor([4, 5, 6])
--- 벡터끼리의 연산 ---
tensor([5, 7, 9])
--- 행렬과 스칼라의 연산 ---
tensor([[8, 7, 6],
        [5, 4, 3]])
--- 행렬과 벡터의 연산(브로드캐스트) ---
tensor([[7, 7, 7],
        [4, 4, 4]])
--- 행렬끼리의 연산 ---
tensor([[12, 10,  8],
        [ 6,  4,  2]])
```

c와 a의 합에서는 브로드캐스트가 사용되고 있습니다. 브로드캐스트는 조건을 충족하면 형태가 다른 Tensor끼리도 연산이 가능한 기능인데, 이 경우 c의 각 행에 a의 대응하는 요소가 더해집니다.

3.2.6 Tensor 형태 변환하기

Tensor에는 그 형태를 변환하는 함수와 메서드가 몇 가지 있습니다. View( ) 메서드를 사용하면 Tensor 형태를 자유롭게 변경할 수 있습니다.

▼ view() 메서드로 Tensor 형태 변환하기

In

```
a = torch.tensor([0, 1, 2, 3, 4, 5, 6, 7]) # 1차원 Tensor
```

```
b = a.view(2, 4)  # (2, 4)의 2차원 Tensor로 변환
print(b)
```

Out

```
tensor([[0, 1, 2, 3],
        [4, 5, 6, 7]])
```

여러 인수 중 하나를 -1로 하면 그 차원의 요소 수는 자동으로 계산됩니다.

다음 예에서는 인수에 2와 4를 지정해야 하는 곳을 2와 -1을 지정하고 있습니다.

▼ view() 메서드의 인수 중 1개를 -1로 한다
In

```
c = torch.tensor([0, 1, 2, 3, 4, 5, 6, 7])  # 1차원 Tensor
d = c.view(2, -1)  # (2, 4)의 2차원 Tensor로 변환
print(d)
```

Out

```
tensor([[0, 1, 2, 3],
        [4, 5, 6, 7]])
```

또한, 인수를 -1로만 하면 Tensor는 1차원으로 변환됩니다.

▼ view() 메서드의 인수를 -1로만 한다
In

```
e = torch.tensor([[[0, 1],
                   [2, 3]],
                  [[4, 5],
                   [6, 7]]])  # 3차원 Tensor
f = c.view(-1)  # 1차원 Tensor로 변환
print(f)
```

```
tensor([0, 1, 2, 3, 4, 5, 6, 7])
```

또한, squeeze( ) 메서드를 사용하면 요소 수가 1인 차원이 삭제됩니다.

▼ squeeze() 메서드로 요소 수가 1인 차원을 삭제하기

In

```
print("--- 요소 수가 1인 차원이 포함되는 4차원 Tensor ---")
g = torch.arange(0, 8).view(1, 2, 1, 4)
print(g)


print("--- 요소 수가 1인 차원을 삭제 ---")
h = g.squeeze()
print(h)
```

Out

```
--- 요소 수가 1인 차원이 포함되는 4차원 Tensor ---
tensor([[[[0, 1, 2, 3]],


         [[4, 5, 6, 7]]]])
--- 요소 수가 1인 차원을 삭제 ---
tensor([[0, 1, 2, 3],
        [4, 5, 6, 7]])
```

반대로 unsqueeze( ) 메서드를 사용하면 요소 수가 1인 차원을 추가할 수 있습니다.

▼ unsqueeze() 메서드로 요소 수가 1인 차원을 추가한다

In

```
print("--- 2차원 Tensor ---")
i = torch.arange(0, 8).view(2, -1)
```

```
print(i)

print("--- 요소 수가 1인 차원을 가장 안쪽 (2)에 추가 ---")
j = i.unsqueeze(2)
print(j)
```

Out

```
--- 2차원 Tensor ---
tensor([[0, 1, 2, 3],
        [4, 5, 6, 7]])
--- 요소 수가 1인 차원을 가장 안쪽 (2)에 추가 ---
tensor([[[0],
         [1],
         [2],
         [3]],

        [[4],
         [5],
         [6],
         [7]]])
```

3.2.7 다양한 통계값 계산

평균값, 합계값, 최댓값, 최솟값 등 Tensor의 다양한 통계값을 계산하는 함수
와 메서드가 있습니다. Tensor로부터 Python 통상의 값을 구하려면 item( )
메서드를 사용합니다.

▼ Tensor의 다양한 통계값을 계산하기

In

```
a = torch.tensor([[1, 2, 3],
                  [4, 5, 6.]])

print("--- 평균값을 구하는 함수 ---")
m = torch.mean(a)
print(m.item()) # item()으로 값을 구한다

print("--- 평균값을 구하는 메서드 ---")
m = a.mean()
print(m.item())

print("--- 열별 평균값 ---")
print(a.mean(0))

print("--- 합계값 ---")
print(torch.sum(a).item())

print("--- 최댓값 ---")
print(torch.max(a).item())

print("--- 최솟값 ---")
print(torch.min(a).item())
```

Out

```
--- 평균값을 구하는 함수 ---
3.5
--- 평균값을 구하는 메서드 ---
3.5
```

```
--- 열별 평균값 ---
tensor([2.5000, 3.5000, 4.5000])
--- 합계값 ---
21.0
--- 최댓값 ---
6.0
--- 최솟값 ---
1.0
```

3.2.8 간단 연습: Tensor끼리 연산

Tensor, a와 6 사이에 다음의 연산자를 사용해서 연산을 실시하고 결과를 표시합시다.

덧셈   : +

뺄셈   : -

곱셈   : *

몫(소수) : /

몫(정수) : //

나머지   : %

a는 2차원이고 b는 1차원이므로 브로드캐스트해야 합니다.

▼ 간단 연산: Tensor끼리의 연산

In

```
import torch

a = torch.tensor([[1, 2, 3],
                  [4, 5, 6]])
b = torch.tensor([1, 2, 3])
```

```
print("--- 합 ---")



print("--- 차 ---")



print("--- 곱 ---")



print("--- 몫(소수) ---")



print("--- 몫(정수) ---")



print("--- 나머지 ---")
```

3.2.9 정답 예

다음은 정답 예입니다.

▼ 정답 예: Tensor 끼리의 연산

In

```
import torch

a = torch.tensor([[1, 2, 3],
          [4, 5, 6]])
b = torch.tensor([1, 2, 3])
```

```python
print("--- 합 ---")
print(a + b)


print("--- 차 ---")
print(a - b)


print("--- 곱 ---")
print(a * b)


print("--- 몫(소수) ---")
print(a / b)


print("--- 몫(정수) ---")
print(a // b)


print("--- 나머지 ---")
print(a % b)
```

Out

```
--- 합 ---
tensor([[2, 4, 6],
        [5, 7, 9]])
--- 차 ---
tensor([[0, 0, 0],
        [3, 3, 3]])
--- 곱 ---
tensor([[ 1,  4,  9],
        [ 4, 10, 18]])
```

```
--- 몫(소수) ---
tensor([[1.0000, 1.0000, 1.0000],
        [4.0000, 2.5000, 2.0000]])
--- 몫(정수) ---
tensor([[1, 1, 1],
        [4, 2, 2]])
--- 나머지 ---
tensor([[0, 0, 0],
        [0, 1, 0]])
```

이 외에도 Tensor는 다양한 기능을 갖고 있습니다. 자세한 것은 다음의 공식 문서를 참고하세요.

- torch.Tensor

  URL https://pytorch.org/docs/stable/tensors.html

3.3 활성화 함수

활성화 함수는 신경망에서 뉴런의 흥분 상태를 조절하는 함수입니다. 이 함수는 뉴런에 입력되는 값과 가중치의 곱의 총합에 바이어스를 더한 결과를 변환하여, 뉴런의 출력을 결정합니다.

뉴런은 입력된 값과 가중치의 곱의 총합에 바이어스를 더한 값을 계산합니다. 이 값은 뉴런의 흥분 상태를 나타내는데, 이 값이 크면 뉴런이 더 흥분되었다고 볼 수 있습니다.

하지만 만약에 활성화 함수가 없다면, 뉴런의 연산은 단순히 입력과 가중치의 곱의 총합이 되어 버립니다. 이 경우 신경망은 단순한 선형 연산만 수행하게 되어, 복잡한 표현을 할 수 없게 됩니다.

활성화 함수를 사용하면 뉴런의 출력을 비선형적으로 변환할 수 있습니다. 이 비선형성은 신경망이 복잡한 함수를 모델링하고 다양한 패턴을 학습할 수 있도록 도와줍니다. 따라서 활성화 함수를 통해 신경망은 더 다양하고 복잡한 표현을 할 수 있게 됩니다.

3.3.1 시그모이드 함수

시그모이드 함수는 0과 1 사이를 매끄럽게 변화하는 함수입니다. 함수로의 입력 x가 작아지면 함수의 출력 y는 0에 가까워지고 x가 커지면 y는 1에 가까워집니다.

시그모이드 함수는 네이피어 수(자연로그의 밑)의 거듭제곱을 나타내는 exp

를 이용하여 다음의 식과 같이 나타냅니다.

$$y = \frac{1}{1 + \exp(-x)}$$

이 식에서 x의 값이 음이 되고 0에서 멀어지면 분모가 커지기 때문에 y는 0에 가까워집니다.

또한, x의 값이 양이 되고 0에서 멀어지면 exp(-x)는 0에 가까워지기 때문에 y는 1에 가까워집니다. 식으로부터 그래프의 형태를 상상할 수 있습니다.

시그모이드 함수는 다음 코드과 같이 PyTorch의 nn 모듈을 사용하여 구현할 수 있습니다. 그래프는 matplotlib을 사용하여 표시합니다. matplotlib은 그래프, 이미지, 애니메이션을 표시하기에 편리한 라이브러리입니다.

다음 코드는 PyTorch의 nn.Sigmoid( ) 함수를 사용하여 시그모이드 함수를 정의하고, 그 함수를 이용하여 입력 범위를 -5부터 5까지로 설정한 후 해당 입력 범위에 대한 시그모이드 함수의 출력값을 계산하고 그래프로 나타냅니다.

▼ 시그모이드 함수

In

```
import torch
from torch import nn
import matplotlib.pylab as plt

m = nn.Sigmoid()  # 시그모이드 함수

x = torch.linspace(-5, 5, 50)
y = m(x)

plt.plot(x, y)
plt.show()
```

Out

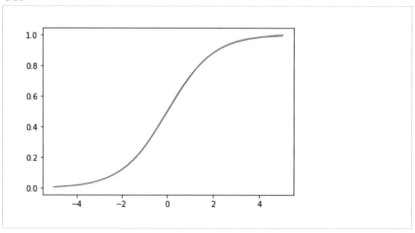

3.3.2 tanh

tanh는 하이퍼볼릭 탄젠트(hyperbolic tangent)라고 읽습니다. tanh는 -1 과 1 사이를 매끄럽게 변화하는 함수입니다.

곡선의 형태는 시그모이드 함수와 비슷하지만 0을 중심으로 대칭이기 때문에 균형 잡힌 활성화 함수입니다.

tanh는 시그모이드 함수와 마찬가지로 네이피어 수의 거듭제곱을 이용한 식 으로 나타냅니다.

$$y = \frac{\exp(x) - \exp(-x)}{\exp(x) + \exp(-x)}$$

시그모이드 함수와 마찬가지로 tanh도 PyTorch의 nn 모듈을 사용해서 구현 할 수 있습니다.

다음 코드는 PyTorch의 nn.Tanh( ) 함수를 사용하여 하이퍼볼릭 탄젠트 (tanh) 함수를 정의하고, 그 함수를 이용하여 입력 범위를 -5부터 5까지로 설정한 후 해당 입력 범위에 대한 탄젠트 함수의 출력값을 계산하고 그래프로 나타냅니다.

▼ tanh 함수

In

```
import torch
from torch import nn
import matplotlib.pylab as plt


m = nn.Tanh()  # tanh


x = torch.linspace(-5, 5, 50)
y = m(x)


plt.plot(x, y)
plt.show()
```

Out

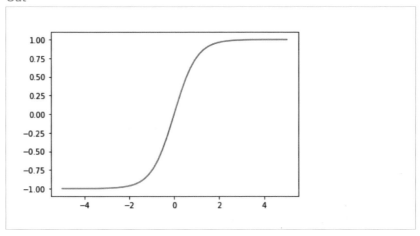

3.3.3 ReLU

ReLU(Rectified Linear Unit)는 램프 함수라고도 하며, 인공 신경망에서 많이 사용되는 활성화 함수 중 하나입니다. 이 함수는 입력값 x가 0보다 작거나 같을 때는 0을 출력하고, x가 0보다 큰 경우에는 입력값을 그대로 출력합니다. 따라서, x > 0의 범위에서만 함수가 활성화되는 특징이 있습니다.

ReLU는 다음과 같은 식으로 나타냅니다.

$$y = \begin{cases} 0 & (x \leq 0) \\ x & (x > 0) \end{cases}$$

함수로 입력되는 x가 0 또는 음인 경우 함수에서 출력되는 y는 0이 되고, x가 양인 경우 y는 x와 같아집니다.

ReLU도 PyTorch의 nn 모듈을 사용해 구현할 수 있습니다.

다음 코드는 PyTorch의 nn.ReLU( ) 함수를 사용하여 ReLU 함수를 정의하고, 그 함수를 이용하여 입력 범위를 -5부터 5까지로 설정한 후 해당 입력 범위에 대한 ReLU 함수의 출력값을 계산하고 그래프로 나타냅니다.

▼ ReLU 함수

In

```
import torch
from torch import nn
import matplotlib.pylab as plt


m = nn.ReLU()  # ReLU


x = torch.linspace(-5, 5, 50)
y = m(x)
```

```
plt.plot(x, y)
plt.show()
```

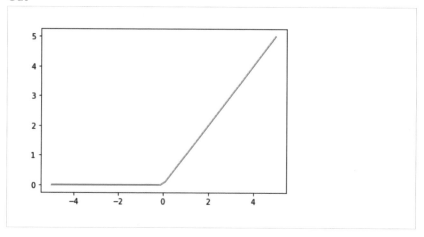

간단하며, 층 수가 많아져도 안정적인 학습을 할 수 있기 때문에 최근 심층학습에서는 주로 이 ReLU가 출력층 이외의 활성화 함수로서 많이 사용됩니다.

3.3.4 항등 함수

항등 함수(Identity Function)는 입력값을 그대로 출력값으로 반환하는 함수입니다. 이 함수의 형태는 직선이 되며, 모든 입력값에 대해 동일한 값을 출력합니다.

항등 함수는 다음과 같은 간단한 식으로 나타냅니다.

```
y = x
```

항등 함수는 다음과 같은 코드로 구현할 수 있습니다.

먼저 torch.linspace 함수를 사용하여 -5부터 5까지의 범위를 50개의 동일한 간격으로 나눈 값을 생성합니다. 이를 x에 저장합니다. y 변수에는 x를 그대로 대입하여 항등 함수의 출력값을 구합니다. 항등 함수는 입력값을 그대로 반환하기 때문에, y는 x와 동일한 값을 가지게 됩니다.

▼ 항등 함수

In

```
import torch
import matplotlib.pylab as plt

x = torch.linspace(-5, 5, 50)
y = x  # 항등 함수

plt.plot(x, y)
plt.show()
```

Out

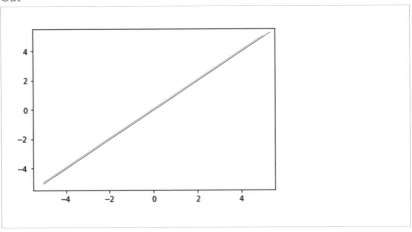

항등 함수는 신경망의 출력층에서 자주 사용됩니다.

3.3.5 소프트맥스 함수

소프트맥스 함수(Softmax Function)는 신경망에서 분류(classification) 작업을 수행할 때 주로 사용되는 활성화 함수입니다. 입력된 값들을 각 클래스에 대한 확률로 변환하는 역할을 합니다. 이를 통해 모델의 출력값을 각 클래스에 대한 확률 분포로 해석할 수 있습니다.

활성화 함수의 출력을 y, 입력을 x라고 하고, 같은 층의 뉴런의 수를 n으로 하면 소프트맥스 함수는 다음의 식으로 나타냅니다.

$$y = \frac{\exp(x)}{\sum_{k=1}^{n} \exp(x_k)}$$

이 식에서 우변의 분모 $\sum_{k=1}^{n} \exp(x_k)$는 같은 층의 각 뉴런의 활성화 함수로 입력되는 x_k로부터 $\exp(x_k)$를 계산하여 더한 것입니다.

또한, 다음의 관계에서 나타내듯이 같은 층의 모든 활성화 함수의 출력을 더하면 1이 됩니다.

$$\sum_{l=1}^{n} \left(\frac{\exp(x_l)}{\sum_{k=1}^{n} \exp(x_k)} \right) = \frac{\sum_{l=1}^{n} \exp(x_l)}{\sum_{k=1}^{n} \exp(x_k)} = 1$$

이것에 덧붙여 네이피어 수의 제곱은 항상 0보다 크다는 성질이 있어서 0 < y < 1이 됩니다. 소프트맥스 함수는 입력된 값들을 지수 함수를 통해 양수로 변환하고, 이들을 모두 더한 값으로 각 클래스에 대한 확률을 계산합니다. 이때 지수 함수를 사용하여 입력값들을 양수로 만드는 이유는 출력값을 확률로 해석하기 위함입니다.

소프트맥스 함수는 PyTorch의 nn 모듈을 사용하여 구현할 수 있습니다. 다음 코드에서는 2차원의 Tensor를 입력하고 있는데, dim=1과 같이 해서 소프트맥스 함수에서 처리하는 방향을 지정해야 합니다.

▼ 소프트맥스 함수

In

```
import torch
from torch import nn
import matplotlib.pylab as plt


m = nn.Softmax(dim=1)  # 각 행에서 소프트맥스 함수


x = torch.tensor([[1.0, 2.0, 3.0],
                  [3.0, 2.0, 1.0]])
y = m(x)


print(y)
```

Out

```
tensor([[0.0900, 0.2447, 0.6652],
        [0.6652, 0.2447, 0.0900]])
```

출력된 모든 요소는 0에서 1의 범위에 들어가 있으며, 각 행의 합계는 1이 됩니다. 소프트맥스 함수가 기능하고 있는 것을 확인할 수 있습니다. 소프트맥스 함수는 다중 클래스 분류 문제에 주로 사용되며, 신경망의 출력층에서 활성화 함수로 적용됩니다. 이를 통해 모델은 입력값에 대한 각 클래스의 확률을 예측하게 됩니다. 이상과 같은 다양한 활성화 함수를 층의 종류나 다루는 문제에 따라 구분하여 사용하게 됩니다.

게다가 활성화 함수는 다음과 같이 torch를 사용해 구현할 수도 있습니다. 그러나 이 책에서는 이 사용법은 택하지 않고 nn을 사용한 기술로 통일합니다.

▼ torch를 사용한 활성화 함수의 구현

```
import torch
import matplotlib.pylab as plt


x = torch.linspace(-5, 5, 50)
y = torch.sigmoid(x)


plt.plot(x, y)
plt.show()
```

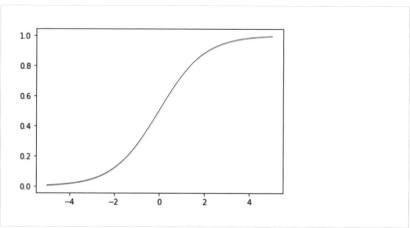

3.4 손실 함수

손실 함수(오차 함수)는 출력과 정답 사이의 오차를 정의하는 함수입니다. 손실 함수에는 다양한 종류가 있는데 여기에서는 평균 제곱 오차와 교차 엔트로피 오차, 2가지 손실 함수를 설명합니다.

3.4.1 평균 제곱 오차

신경망에는 여러 개의 출력이 있으며, 그와 같은 수의 정답이 있습니다.

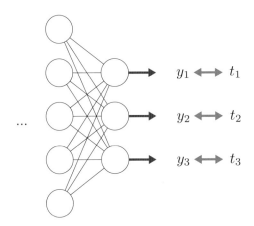

▲ 출력과 정답

이 경우 y_1, y_2, y_3이 출력이고, t_1, t_2, t_3이 정답입니다.

평균 제곱 오차는 출력값과 정답값의 차를 제곱하여 전체 출력층의 뉴런으로 평균을 취함으로써 정의되는 오차입니다.

평균 제곱 오차는 E를 오차, n을 출력층의 뉴런 수, y_k를 출력층의 각 출력값, t_k를 정답값으로서 다음의 식으로 나타냅니다.

$$E = \frac{1}{n} \sum_{k=1}^{n} (y_k - t_k)^2$$

모든 출력층의 뉴런에서 y_k와 t_k의 차를 제곱하고, 평균을 취합니다.

평균 제곱 오차와 같은 손실 함수를 이용함으로써 신경망의 출력이 어느 정도 정답과 일치하는지를 정량화할 수 있습니다. 평균 제곱 오차는 정답과 출력이 연속적인 값으로 나타나는 경우에 적합합니다.

평균 제곱 오차는 torch.nn의 MSELoss() 함수를 사용하여 구현할 수 있습니다.

▼ 평균 제곱 오차

In

```
import torch
from torch import nn

y = torch.tensor([3.0, 3.0, 3.0, 3.0, 3.0]) # 출력
t = torch.tensor([2.0, 2.0, 2.0, 2.0, 2.0]) # 정답

loss_func = nn.MSELoss() # 평균 제곱 오차
loss = loss_func(y, t)
print(loss.item())
```

Out

```
1.0
```

앞의 코드에서 출력 y는 3.0이 5개인 배열이고, 정답 t는 2.0이 5개인 배열입니다. 이러한 차의 제곱의 총합은 5.0인데, 이것을 요소 수의 5로 나누어 평균을 취하고 있으므로 MSELoss( ) 함수는 1.0을 반환합니다.

평균 제곱 오차가 계산되었습니다. 정답과 출력은 1.0 정도 떨어져 있습니다.

3.4.2 교차 엔트로피 오차

교차 엔트로피 오차(Cross-Entropy Loss)는 신경망에서 분류 작업을 수행할 때 주로 사용되는 손실 함수입니다.

교차 엔트로피 오차는 다음과 같이 출력 y_k의 자연 대수와 정답값 t_k의 곱의 총합을 마이너스로 한 것으로 나타냅니다.

$$E = -\sum_{k}^{n} t_k \log(y_k)$$

신경망에서 분류를 실시할 때는 one-hot 표현(예: 0, 1, 0, 0)이 많이 사용되는데, one-hot 표현은 정답으로 선택된 클래스에 해당하는 요소만 1이고 나머지 요소는 모두 0인 형태를 가지고 있습니다. 위 식에서는 우변의 시그마 안에서 t_k가 1인 항만이 남고, t_k가 0인 항은 지워지게 됩니다.

교차 엔트로피 오차는 torch.nn의 CrossEntropyLoss( ) 함수를 사용하여 많이 구현되는데 이것은 이전 절에서 설명한 소프트맥스 함수와 교차 엔트로피 오차가 하나로 되어 있으며, 이것들을 이어서 계산합니다. 이때의 정답은 one-hot 표현으로 나타내는데, 1의 위치를 인덱스로 지정합니다.

▼ 소프트맥스 함수 + 교차 엔트로피 오차

In

```
import torch
from torch import nn
```

```python
# 소프트맥스 함수로의 입력
x = torch.tensor([[1.0, 2.0, 3.0],   # 입력1
                  [3.0, 1.0, 2.0]])   # 입력2
# 정답(one-hot 표현에서 1의 위치)
t = torch.tensor([2,    # 입력1에 대응하는 정답
                  0])   # 입력2에 대응하는 정답

loss_func = nn.CrossEntropyLoss()   # 소프트맥스 함수 + 교차 엔트로피 오차
loss = loss_func(x, t)
print(loss.item())
```

Out

```
0.40760600566864014
```

앞의 코드는 입력 x와 정답 t를 사용하여 소프트맥스 함수를 적용하고, 소프트맥스 함수의 출력과 정답 간의 교차 엔트로피 오차를 계산하여 출력합니다. 이를 통해 신경망의 예측값과 정답과의 차이를 평가할 수 있습니다. 작은 손실 값은 신경망의 정확도가 높은 것을 나타냅니다. 이 경우 정답과 출력은 0.4 정도 떨어져 있습니다.

이렇게 신경망의 출력과 정답 사이에 오차를 정의할 수 있습니다. 이러한 오차를 최소화하도록 학습하는 파라미터가 조정됩니다.

3.5 최적화 알고리즘

최적화 알고리즘(Optimizer)은 오차를 최소화하기 위한 구체적인 알고리즘입니다. 각 파라미터를 그 경사를 사용하여 조금씩 조정하여 오차가 최소가 되도록 네트워크를 최적화합니다.

지금까지 다양한 최적화 알고리즘이 고안되어 왔는데, PyTorch에서는 optim 모듈을 사용하여 이것들을 쉽게 구현할 수 있습니다.

3.5.1 경사와 경사 하강법

최적화 알고리즘에서는 오차를 최소화하기 위해 경사에 의존합니다. 경사란 어떤 파라미터를 변화시킨 경우 오차가 얼마큼 변화하는지, 그 정도를 나타내는 값입니다. 많은 파라미터 중 1개를 w로 하고 오차를 E로 한 경우, 경사는 다음 식으로 나타냅니다.

$$\frac{\partial E}{\partial w}$$

이 식에서는 E를 w로 편미분하고 있습니다. ∂는 편미분을 나타내는 기호입니다. 편미분은 다변수 함수에서 한 변수에 대해서만 미분하는 과정을 나타내는 개념입니다. 함수의 모든 변수가 아닌 특정 변수에 초점을 맞춰 그 변수에 대한 미분을 수행합니다. 이를 통해 해당 변수의 변화에 따른 함수의 변화량을 알 수 있습니다. 이 식에서는 w만이 미세하게 변화했을 때, E가 얼마큼 변화하는지 그 변화의 비율(=경사)을 편미분의 형태로 나타냅니다. 경사를 계산하기 위해서는 백프로퍼게이션이 필요합니다.

PyTorch에서는 이 경사를 자동으로 계산할 수 있는데, 자세한 내용은 Chapter4의 자동 미분에서 설명합니다.

경사 하강법(gradient descent)은 이 경사를 사용하여 최솟값을 향해 하강하도록 파라미터를 변화시키는 알고리즘입니다. 최적화 알고리즘은 경사 하강법을 기반으로 하고 있습니다.

다음 그림은 경사 하강법을 나타냅니다.

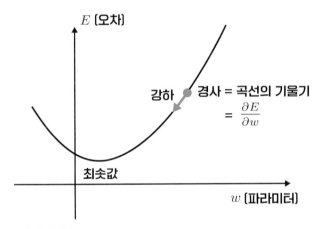

▲ 경사 하강법

이 그래프에서 가로 축의 w가 있는 파라미터, 세로 축의 E가 오차입니다. E를 최소화하기 위해 w를 경사면을 미끄러져 내려가도록 조금씩 조정해 나갑니다. 이 그림의 곡선은 단순한 형상이지만 실제로는 더욱 복잡하여 곡선의 형상은 대개 알 수 없습니다. 따라서 언저리 곡선의 기울기(=경사)에 따라 조금씩 가중치를 수정해 나가는 전략을 취할 수 있습니다.

네트워크의 전체 파라미터를 이와 같이 곡선을 하강하도록 조금씩 수정해 나가면 오차를 점차 줄여 나갈 수 있습니다.

3.5.2 최적화 알고리즘의 개요

최적화 알고리즘은 파라미터를 조정하여 오차를 최소화하기 위한 구체적인 알고리즘입니다. 비유하자면 눈을 감은 채 걸어서 골짜기 밑을 향하기 위한 전략입니다. 아무것도 보이지 않기 때문에 발 밑의 경사에만 의존합니다.

다음은 그때에 고려해야 할 요소의 예입니다.

- 발 밑의 경사: 눈을 감고 걷는다는 것은 현재 위치에서 주변 환경을 보지 않고 진행한다는 의미입니다. 그래서 발 아래의 경사에 의존하게 됩니다. 만약 경사가 가파르다면 급격하게 내려가고, 완만하다면 천천히 내려갈 것입니다.
- 지금까지의 경로: 지금까지 어떤 경로로 이동했는지를 파악하고, 그 경로에 따라 다음에 어떻게 이동할지 결정합니다. 이는 지금까지의 학습 경과를 바탕으로 오차를 최소화하는 방향으로 조정하는 것입니다.
- 경과 시간: 최적화 과정은 시간이 걸릴 수 있으며, 오차를 최소화하기 위한 반복적인 작업이 필요합니다. 따라서 얼마나 오래 학습을 진행할 것인지를 결정하는 것도 중요한 요소입니다.

하지만 이 전략은 실패할 수도 있습니다. 예를 들어 길을 가다 움푹 패인 곳을 밟고는 경사가 가팔라졌다고 오인할 수도 있고, 골짜기 밑까지 도달하는데 시간이 많이 걸릴 수도 있습니다. 이는 최적화 알고리즘이 국소적인 최소값에 갇힐 수 있다는 한계를 보여줍니다.

그러한 의미에서 효율적으로 최적해에 도달하기 위해서 최적화 알고리즘의 선택은 중요합니다. 지금까지 다양한 최적화 알고리즘이 고안되어 왔는데 이번은 이 중 대표적인 것을 몇 가지 소개합니다.

3.5.3 확률적 경사 하강법

확률적 경사 하강법(Stochastic Gradient Descent, SGD)는 다음 식으로 나타내는 간단한 최적화 알고리즘입니다.

$$w \leftarrow w - \eta \frac{\partial E}{\partial w}$$

w는 가중치 파라미터이고 E가 오차입니다. η는 학습 계수라는 상수로 학습의 속도를 결정합니다.

학습 계수와 기울기를 곱하여 간단하게 갱신량이 정해져서 구현이 쉬운 것이 장점입니다. 다만 학습의 진행 상황에 따라 유연하게 갱신량을 조정할 수 없는 것이 문제점입니다.

PyTorch에서는 다음과 같이 optim 모듈을 사용하여 SGD를 구현할 수 있습니다.

```
from torch import optim

optimizer = optim.SGD(...
```

3.5.4 모멘텀

모멘텀(Momentum)은 SGD에 이른바 관성항을 더한 최적화 알고리즘입니다.

다음은 모멘텀을 이용한 파라미터 w의 갱신식입니다.

$$w \leftarrow w - \eta \frac{\partial E}{\partial w} + \alpha \Delta w$$

이 식에서 α는 관성의 강도를 결정하는 상수, Δw는 이전 회의 갱신량입니다. 관성항 $\alpha\Delta w$에 의해 새로운 갱신량은 과거 갱신량의 영향을 받게 됩니다.

이를 통해 갱신량의 급격한 변화를 막을 수 있고 파라미터 갱신은 더욱 매끄러워집니다. 한편 SGD와 비교하여 설정이 필요한 상수가 η, α 2개로 늘어나므로 이러한 조정에 품이 드는 문제점도 발생합니다.

PyTorch에서는 다음과 같이 SGD 인수에 모멘텀 파라미터를 지정함으로써 구현할 수 있습니다. 다음 코드에서 momentum 파라미터는 이전에 수행된 갱신량에 관성을 부여하여 SGD의 진행 방향을 일정하게 유지하도록 돕습니다. 이를 통해 SGD의 수렴 속도를 높이고 국지적인 최소값에 빠지지 않도록 도움을 줄 수 있습니다. momentum 값은 일반적으로 0과 1 사이의 값으로 설정되며, 일반적으로 0.9와 같은 값이 사용됩니다.

```
from torch import optim

optimizer = optim.SGD(..., momentum=0.9)
```

나머지 코드에서는 ... 부분에는 모델 파라미터와 학습률(learning rate) 등 추가적인 파라미터를 설정해야 합니다. 이 부분은 해당 최적화 알고리즘의 사용 방법에 따라 달라질 수 있습니다.

3.5.5 AdaGrad

AdaGrad(Adaptive Gradient)는 갱신량이 자동적으로 조정되는 것이 특징입니다. 학습이 진행되면 학습률이 점점 작아집니다.

다음은 AdaGrad를 이용한 파라미터 w의 갱신식입니다.

$$h \leftarrow h + (\frac{\partial E}{\partial w})^2$$

$$w \leftarrow w - \eta \frac{1}{\sqrt{h}} \frac{\partial E}{\partial w}$$

이 식에서는 갱신할 때마다 h가 무조건 증가합니다. 이 h는 위의 아래 식에는 분모에 있으므로 파라미터 갱신을 거듭하면 반드시 감소하게 됩니다. 총 갱신량이 적은 파라미터는 새로운 갱신량이 커지고, 총 갱신량이 많은 파라미터는 새로운 갱신량이 작아집니다. 이로써 넓은 영역에서 점차 탐색 범위를 좁혀 효율적인 탐색을 할 수 있습니다.

AdaGrad에는 조정해야 하는 상수가 η밖에 없으므로 최적화를 고민하지 않고 종료하는 장점이 있습니다. AdaGrad의 단점은 갱신량이 항상 감소하므로 도중에 갱신량이 거의 0이 되어 버려 학습이 진행되지 않게 되는 파라미터가 다수 생길 수 있다는 점입니다.

PyTorch에서는 다음과 같이 optim 모듈을 사용하여 AdaGrad를 구현할 수 있습니다.

```
from torch import optim

optimizer = optim.Adagrad(...
```

3.5.6 RMSProp

최적화 알고리즘 중 하나인 RMSProp(Root Mean Square Propagation)은 경사 하강법을 수행하면서 학습률을 조정하는 방식으로 동작합니다. RMSProp에서는 AdaGrad의 갱신량 저하에 의해 학습이 정체되는 문제가 극복됩니다.

다음은 RMSProp에 의한 파라미터 w의 갱신식입니다.

$$h \leftarrow \rho h + (1 - \rho)(\frac{\partial E}{\partial w})^2$$

$$w \leftarrow w - \eta \frac{1}{\sqrt{h}} \frac{\partial E}{\partial w}$$

ρ에 의해, 과거의 h를 일정 비율로 망각합니다. 이로 인해 갱신량이 저하된 파라미터라도 다시 학습이 진행됩니다. PyTorch에서는 다음과 같이 optim 모듈을 사용하여 RMSProp을 구현할 수 있습니다.

```
from torch import optim

optimizer = optim.RMSprop(...
```

3.5.7 Adam

Adam(Adaptive moment estimation)은 다양한 최적화 알고리즘의 장점을 합친 것입니다. 그러므로 다른 알고리즘보다 높은 성능이 발휘되기도 합니다.

다음은 Adam을 이용한 파라미터 w의 갱신식입니다.

$$m_0 = v_0 = 0$$
$$m_t = \beta_1 m_{t-1} + (1 - \beta_1)\frac{\partial E}{\partial w}$$
$$v_t = \beta_2 v_{t-1} + (1 - \beta_2)(\frac{\partial E}{\partial w})^2$$
$$\hat{m}_t = \frac{m_t}{1 - \beta_1^t}$$
$$\hat{v}_t = \frac{v_t}{1 - \beta_2^t}$$
$$w \leftarrow w - \eta\frac{\hat{m}_t}{\sqrt{\hat{v}_t} + \epsilon}$$

상수에는 β_1、β_2、η、ϵ 4개가 있습니다. t는 파라미터의 갱신 횟수입니다.

대략적으로 모멘텀과 AdaGrad를 합친 듯한 알고리즘입니다. 상수의 수가 많은데 원래 논문에는 권장 파라미터가 기재되어 있습니다.

- Adam: A Method for Stochastic Optimization
  URL https://arxiv.org/abs/1412.6980

조금 복잡한 식이지만 PyTorch의 optim 모듈을 사용하면 다음과 같이 간단하게 구현할 수 있습니다.

```
from torch import optim

optimizer = optim.Adam(...
```

PyTorch는 이 밖에도 다양한 최적화 알고리즘이 있습니다. 관심 있는 분은 다음의 공식 문서를 읽어 보세요.

- Algorithms
  URL https://pytorch.org/docs/stable/optim.html#algorithms

3.6 간단한 심층학습의 구현

이번 장에서 지금까지 배운 내용을 바탕으로 PyTorch를 이용해 간단한 심층학습을 구현합시다.

이번에는 심층학습으로 손글씨 문자 인식을 합니다. 학습에 시간이 너무 오래 걸리지 않도록 작은 데이터셋을 사용합니다.

3.6.1 손글씨 문자 이미지의 확인

scikit-learn이라는 라이브러리에서 손글씨 숫자의 이미지 데이터를 읽어 들여 표시합니다. 이미지 크기는 8×8 픽셀로 흑백입니다.

▼ 손글씨 문자 이미지의 표시

In

```python
import matplotlib.pyplot as plt
from sklearn import datasets

digits_data = datasets.load_digits()

n_img = 10  # 표시하는 이미지의 수
plt.figure(figsize=(10, 4))
for i in range(n_img):
    ax = plt.subplot(2, 5, i+1)
    ax.imshow(digits_data.data[i].reshape(8, 8), cmap="Greys_r")
    ax.get_xaxis().set_visible(False)  # 축을 표시하지 않음
```

```
    ax.get_yaxis().set_visible(False)
plt.show()

print("데이터의 형태: ", digits_data.data.shape)
print("라벨: ", digits_data.target[:n_img])
```

Out

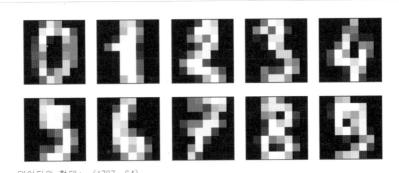

```
데이터의 형태: (1797, 64)
라벨: [0 1 2 3 4 5 6 7 8 9]
```

8×8 픽셀로 크기는 작지만 0부터 9까지의 손글씨 숫자의 이미지가 표시되었습니다. 이러한 손글씨 숫자의 이미지가 이 데이터셋에는 1797장 포함되어 있습니다.

또한, 각 이미지는 쓰여진 숫자를 나타내는 라벨과 쌍을 이루고 있습니다. 이번에는 이 라벨을 정답으로 사용합니다.

3.6.2 데이터를 훈련용과 테스트용으로 분할

scikit-learn의 train_test_split을 사용하여 데이터를 훈련용과 테스트용으로 분할합니다. 훈련 데이터를 사용하여 신경망 모델을 훈련하고 테스트 데이터를 사용하여 훈련한 모델을 검증합니다.

▼ 데이터를 훈련용과 테스트용으로 분할하기

In

```
import torch
from sklearn.model_selection import train_test_split

digit_images = digits_data.data
labels = digits_data.target
x_train, x_test, t_train, t_test = train_test_split(digit_images,
labels) # 25%가 테스트용

# Tensor로 변환
x_train = torch.tensor(x_train, dtype=torch.float32) # 입력: 훈련용
t_train = torch.tensor(t_train, dtype=torch.int64) # 정답: 훈련용
x_test = torch.tensor(x_test, dtype=torch.float32) # 입력: 테스트용
t_test = torch.tensor(t_test, dtype=torch.int64) # 정답: 테스트용
```

또한, 입력과 정답은 4.3절 DataLoader에서 설명하는 DataLoader를 사용하는 편이 더욱 효율적으로 관리할 수 있습니다.

3.6.3 모델 구축

이번은 nn 모듈의 Sequential( ) 클래스로 신경망의 모델을 구축합니다. 초기값으로서 nn 모듈에 정의되어 있는 층을 입력에 가까운 층부터 순서대로 나열합니다.

nn.Linear( ) 함수는 뉴런이 인접하는 층의 모든 뉴런과 연결되는 전결합층으로 다음과 같이 기술합니다.

```
nn.Linear(층으로의 입력 수, 층의 뉴런 수)
```

또한, nn 모듈에서는 활성화 함수를 층처럼 취급할 수 있습니다. nn.ReLU( ) 함수를 배치함으로써 활성화 함수 ReLU로 처리가 이뤄집니다.

다음은 nn.Sequential( ) 클래스를 사용하여 여러 층을 순차적으로 쌓은 신경 망 모델을 구축하는 코드입니다. 구축한 모델의 내용은 print( ) 함수로 확인할 수 있습니다.

▼ 모델 구축하기

In

```python
from torch import nn

net = nn.Sequential(
    nn.Linear(64, 32),   # 전결합층
    nn.ReLU(),           # ReLU
    nn.Linear(32, 16),
    nn.ReLU(),
    nn.Linear(16, 10)
)
print(net)
```

Out

```
Sequential(
  (0): Linear(in_features=64, out_features=32, bias=True)
  (1): ReLU()
  (2): Linear(in_features=32, out_features=16, bias=True)
  (3): ReLU()
  (4): Linear(in_features=16, out_features=10, bias=True)
)
```

3개의 전결합층 사이에 활성화 함수 ReLU가 들어 있습니다. 마지막 출력층의 뉴런 수는 10개인데, 이것은 분류하는 숫자가 0~9라서 10개 클래스로 분류되기 때문입니다.

3.6.4 학습

오차를 최소화하도록 파라미터를 여러 번 반복 조정합니다. 이번은 손실 함수에 nn.CrossEntropyLoss( ) 함수(소프트맥스 함수 + 교차 엔트로피 오차), 최적화 알고리즘에 SGD를 설정합니다.

순전파는 훈련 데이티, 테스트 데이터 양쪽에서 실시하여 오차를 계산합니다. 역전파를 실시하는 것은 훈련 데이터뿐입니다.

▼ 모델의 훈련

In

```
from torch import optim

# 소프트맥스 함수 + 교차 엔트로피 오차 함수
loss_fnc = nn.CrossEntropyLoss()

# SGD 모델의 파라미터를 설정한다
optimizer = optim.SGD(net.parameters(), lr=0.01)  # 학습률은 0.01

# 손실 로그
record_loss_train = []
record_loss_test = []

# 훈련 데이터를 1000회 사용한다
for i in range(1000):

    # 파라미터의 경사를 0으로
```

```
    optimizer.zero_grad()

    # 순전파
    y_train = net(x_train)
    y_test = net(x_test)

    # 오차를 구해서 기록한다
    loss_train = loss_fnc(y_train, t_train)
    loss_test = loss_fnc(y_test, t_test)
    record_loss_train.append(loss_train.item())
    record_loss_test.append(loss_test.item())

    # 역전파(경사를 계산)
    loss_train.backward()

    # 파라미터 갱신
    optimizer.step()

    if i%100 == 0:  # 100회마다 경과를 표시
        print("Epoch:", i, "Loss_Train:", loss_train.item(), "Loss_
Test:", loss_test.item())
```

Out

```
Epoch: 0 Loss_Train: 2.4958038330078125 Loss_Test: 2.4891517162323
Epoch: 100 Loss_Train: 0.9006448984146118 Loss_Test: 0.9275991320610046
Epoch: 200 Loss_Train: 0.3352937400341034 Loss_Test: 0.34465837478637695
Epoch: 300 Loss_Train: 0.2112119495868683 Loss_Test: 0.22168104350566864
Epoch: 400 Loss_Train: 0.15981392562389374 Loss_Test: 0.17645473778247833
Epoch: 500 Loss_Train: 0.13075172901153564 Loss_Test: 0.15380024909973145
Epoch: 600 Loss_Train: 0.11130829900503159 Loss_Test: 0.14093278348445892
```

```
Epoch: 700 Loss_Train: 0.09680728614330292 Loss_Test: 0.13299715518951416
Epoch: 800 Loss_Train: 0.08539321273565292 Loss_Test: 0.12807254493236542
Epoch: 900 Loss_Train: 0.07601635158061981 Loss_Test: 0.12455947697162628
```

앞 코드의 다음 부분에서는 순전파 처리가 이뤄집니다.

```
y_train = net(x_train)
y_test = net(x_test)
```

이와 같이 PyTorch에서는 모델의 변수명(이 예에서는 net)의 오른쪽 괄호에 입력을 전달함으로써 순전파 계산을 할 수 있습니다.

다음 부분에서는 역전파 처리가 이뤄집니다. 오차(이 예에서는 loss_train)의 backward( ) 메서드에 의해 백프로퍼게이션이 이뤄져 모든 파라미터의 경사가 계산됩니다.

```
loss_train.backward()
```

그리고 다음 기술에 의해 최적화 알고리즘에 따라 모든 파라미터가 갱신됩니다.

```
optimizer.step()
```

순전파, 역전파, 그리고 파라미터 갱신을 반복함으로써 모델은 점차 적절한 출력을 반환하도록 훈련되어 갑니다.

3.6.5 오차 추이

matplotlib을 사용하여 오차 추이를 확인합니다. 훈련 데이터, 테스트 데이터 기록을 그래프로 표시합니다.

▼ 오차 추이

```
plt.plot(range(len(record_loss_train)), record_loss_train, label="Train")
plt.plot(range(len(record_loss_test)), record_loss_test, label="Test")
plt.legend()

plt.xlabel("Epochs")
plt.ylabel("Error")
plt.show()
```

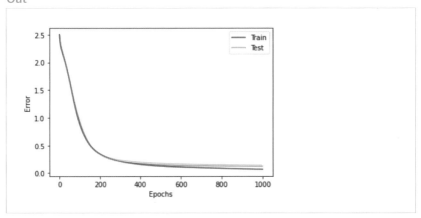

훈련 데이터, 테스트 데이터와 함께 오차가 매끄럽게 감소한 모습을 확인할 수 있습니다.

3.6.6 정답률

모델의 성능을 파악하기 위해 테스트 데이터 사용 정답률을 측정합니다.

▼ 정답률의 계산

```
y_test = net(x_test)
count = (y_test.argmax(1) == t_test).sum().item()
print("정답률:", str(count/len(y_test)*100) + "%")
```

```
정답률: 96.88888888888889%
```

95% 이상의 높은 정답률이 되었습니다.

3.6.7 훈련한 모델을 사용한 예측

훈련한 모델을 사용해 봅시다. 손글씨 문자 이미지를 입력하고, 모델이 동작하는 것을 확인합니다.

▼ 훈련한 모델에 따른 예측

```
# 입력 이미지
img_id = 0
x_pred = digit_images[img_id]
image = x_pred.reshape(8, 8)
plt.imshow(image, cmap="Greys_r")
plt.show()

x_pred = torch.tensor(x_pred, dtype=torch.float32)
y_pred = net(x_pred)
print("정답:", labels[img_id], "예측 결과:", y_pred.argmax().item())
```

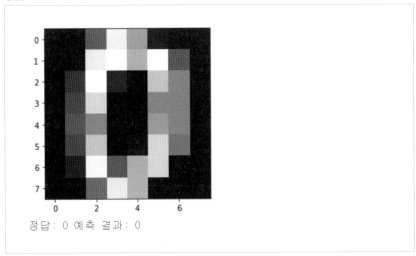

정답 : 0 예측 결과 : 0

훈련한 모델은 입력 이미지를 올바르게 분류하고 있습니다.

이러한 훈련한 모델은 별도 저장하여 웹 앱 등에서 활용할 수 있습니다. 모델을 탑재한 웹 앱을 만드는 법은 Chapter7에서 설명합니다.

3.7 연습

Chapter3의 연습입니다. PyTorch를 사용하여 모델을 구축하고 최적화 알고리즘을 설정합시다.

3.7.1 데이터를 훈련용과 테스트용으로 분할

데이터를 훈련용과 테스트용으로 분할합니다.

▼ 데이터를 훈련용과 테스트용으로 분할

```python
import torch
from sklearn import datasets
from sklearn.model_selection import train_test_split

digits_data = datasets.load_digits()

digit_images = digits_data.data
labels = digits_data.target
x_train, x_test, t_train, t_test = train_test_split(digit_images,
labels) # 25%가 테스트용

# Tensor로 변환
x_train = torch.tensor(x_train, dtype=torch.float32)
t_train = torch.tensor(t_train, dtype=torch.int64)
x_test = torch.tensor(x_test, dtype=torch.float32)
t_test = torch.tensor(t_test, dtype=torch.int64)
```

3.7.2 모델 구축

nn 모듈의 Sequential( ) 클래스를 사용하며 print(net)로 다음과 같이 표시
되는 모델을 구축합시다.

```
Sequential(
  (0): Linear(in_features=64, out_features=128, bias=True)
  (1): ReLU()
  (2): Linear(in_features=128, out_features=64, bias=True)
  (3): ReLU()
  (4): Linear(in_features=64, out_features=10, bias=True)
)
```

▼ 모델 구축

In

```
from torch import nn

net = nn.Sequential(
    # ------- 여기부터 코드를 기술 -------




    # ------- 여기까지 -------
)
print(net)
```

3.7.3 학습

모델을 훈련합니다. 최적화 알고리즘의 설정을 합시다. 최적화 알고리즘은 다음 페이지에서 원하는 것을 선택하세요.

- TORCH.OPTIM

  URL https://pytorch.org/docs/stable/optim.html

▼ 모델의 훈련

In

```python
from torch import optim

# 교차 엔트로피 오차 함수
loss_fnc = nn.CrossEntropyLoss()

# 최적화 알고리즘
optimizer =   # ←여기에 코드를 기술

# 손실 로그
record_loss_train = []
record_loss_test = []

# 1000 에포크 학습
for i in range(1000):

    # 경사를 0으로
    optimizer.zero_grad()

    # 순전파
    y_train = net(x_train)
    y_test = net(x_test)
```

```
# 오차를 구한다
loss_train = loss_fnc(y_train, t_train)
loss_test = loss_fnc(y_test, t_test)
record_loss_train.append(loss_train.item())
record_loss_test.append(loss_test.item())

# 역전파(경사를 구한다)
loss_train.backward()

# 파라미터 갱신
optimizer.step()

if i%100 == 0:
        print("Epoch:", i, "Loss_Train:", loss_train.item(), "Loss_
Test:", loss_test.item())
```

3.7.4 오차 추이

오차 추이를 확인합니다.

▼ 오차 추이

In

```
import matplotlib.pyplot as plt

plt.plot(range(len(record_loss_train)), record_loss_train, label="Train")
plt.plot(range(len(record_loss_test)), record_loss_test, label="Test")
plt.legend()

plt.xlabel("Epochs")
plt.ylabel("Error")
plt.show()
```

3.7.5 정답률

▼ 정답률의 계산

In

```
y_test = net(x_test)
count = (y_test.argmax(1) == t_test).sum().item()
print("정답률:", str(count/len(y_test)*100) + "%")
```

3.7.6 정답 예

다음은 정답 예입니다.

▼ 정답 예: 모델 구축

In

```
from torch import nn

net = nn.Sequential(
    # ------- 여기부터 코드를 기술 -------
    nn.Linear(64, 128),
    nn.ReLU(),
    nn.Linear(128, 64),
    nn.ReLU(),
    nn.Linear(64, 10)
    # ------- 여기까지 -------
)
print(net)
```

▼ 정답 예: 모델의 훈련

In

```python
from torch import optim

# 교차 엔트로피 오차 함수
loss_fnc = nn.CrossEntropyLoss()

# 최적화 알고리즘
optimizer = optim.Adam(net.parameters())  # 여기에 코드를 기술

# 손실 로그
record_loss_train = []
record_loss_test = []

# 1000 에포크 학습
for i in range(1000):

    # 경사에 0으로
    optimizer.zero_grad()

    # 순전파
    y_train = net(x_train)
    y_test = net(x_test)

    # 오차를 구한다
    loss_train = loss_fnc(y_train, t_train)
    loss_test = loss_fnc(y_test, t_test)
    record_loss_train.append(loss_train.item())
    record_loss_test.append(loss_test.item())
```

```python
# 역전파(경사를 구한다)
loss_train.backward()

# 파라미터 갱신
optimizer.step()

if i%100 == 0:
        print("Epoch:", i, "Loss_Train:", loss_train.item(), "Loss_
Test:", loss_test.item())
```

3.8 정리

Chapter3에서 배운 것을 정리합니다.

이번 장에서는 Tensor, 활성화 함수, 손실 함수, 최적화 알고리즘에 대해 배운 후에 실제로 PyTorch를 사용하여 간단한 심층학습을 구현했습니다. 구축해서 훈련한 신경망 모델이 잘 동작하는 것을 확인할 수 있었을 것입니다.

이후에는 지금까지의 내용을 바탕으로 더욱 발전적인 내용을 다룹니다. 앞으로 심층학습의 구조를 이해하고 PyTorch로 구현하는 데 조금씩 익숙해집시다.

자동 미분과 DataLoader

PyTorch의 중요한 기능인 자동 미분과 DataLoader를 설명합니다.

이번 장에는 다음 내용을 다룹니다.

- 자동 미분
- 에포크와 배치
- DataLoader
- 연습

우선 경사 계산을 자동화할 수 있는 자동 미분을 설명합니다. 이 자동 미분에 의해 각 파라미터의 경사 계산을 짧은 코드로 간단하게 구현할 수 있습니다.

다음으로 DataLoader를 배우기 위해 필요한 에포크과 배치의 개념을 배웁니다.

그 후 DataLoader를 배우고, 이것을 사용해 미니 배치 학습을 구현합니다.

이번 장을 통해서 배우는 것으로 내부의 경사 계산이 어떻게 이뤄지는지 알게 되며 데이터를 효율적으로 다룰 수 있게 됩니다.

PyTorch가 가진 간결하고 범용성 높은 기능에 대해 조금씩 이해해 나갑시다.

4.1 자동 미분

Tensor는 경사를 자동으로 계산하는 자동 미분(autograd)이라는 기능을 갖추고 있습니다. PyTorch에서는 계산된 경사를 바탕으로 Chapter3에서 설명한 최적화 알고리즘을 사용하여 파라미터를 갱신합니다.

비교적 간단한 심층학습에 있어서는 꼭 자동 미분을 의식할 필요는 없습니다. 그러나 자동 미분의 구조를 알아두면 복잡한 모델을 유연하게 구축할 수 있게 됩니다.

4.1.1 requires_grad 속성

Tensor는 requires_grad 속성을 True로 설정함으로써 그 각 요소가 경사 계산의 대상이 됩니다.

▼ requires_grad 속성

In

```
import torch

x = torch.ones(2, 3, requires_grad=True)
print(x)
```

Out

```
tensor([[1., 1., 1.],
        [1., 1., 1.]], requires_grad=True)
```

Tensor의 requires_grad 속성이 True로 되어 있는 것을 확인할 수 있었습니다.

4.1.2 Tensor의 연산 기록

requires_grad 속성이 True이면 그 Tensor 연산으로 생성된 Tensor에는 grad_fn이 기록됩니다. 말하자면 grad_fn은 이 Tensor를 만든 연산입니다.

다음 코드는 requires_grad 속성이 True인 x에 덧셈을 하여 얻어진 y의 grad_fn을 표시합니다.

▼ grad_fn의 표시
In

```
y = x + 2
print(y)
print(y.grad_fn)
```

Out

```
tensor([[3., 3., 3.],
        [3., 3., 3.]], grad_fn=<AddBackward0>)
<AddBackward0 object at 0x7f9930c49c10>
```

grad_fn에 <AddBackward0>이라고 표시되었습니다. 이것은 덧셈을 계산한 기록입니다.

곱셈, mean( ) 메서드 등의 연산도 grad_fn에 기록됩니다.

▼ 다양한 grad_fn의 표시
In

```
z = y * 3
print(z)
```

```
out = z.mean()
print(out)
```

```
tensor([[9., 9., 9.],
        [9., 9., 9.]], grad_fn=<MulBackward0>)
tensor(9., grad_fn=<MeanBackward0>)
```

<MulBackward0>은 곱셈의 기록이고, <MeanBackward0>은 mean( ) 메서드로 평균을 계산한 기록입니다.

4.1.3 경사 계산

backward( ) 메서드는 역전파에 의해 경사를 계산합니다. 계산 과정을 거슬러 올라가게 해서 경사가 계산되는데 그때 기록되어 있는 연산과 경로가 사용됩니다.

다음 예에서는 a에 2를 곱하여 b로 대입해 사용하고, backward( ) 메서드에 의해 역전파를 실시하고 있습니다. 그 결과, a의 변화에 대한 b의 변화 비율, 즉 경사가 계산됩니다. 경사 값은 grad에 저장됩니다.

▼ 역전파에 의한 경사 계산

In

```
a = torch.tensor([1.0], requires_grad=True)
b = a * 2  # b의 변화량은 a의 2배
b.backward()  # 역전파
print(a.grad)  # a의 경사(a의 변화에 대한 b의 변화 비율)
```

```
tensor([2.])
```

3.6절 간단한 심층학습의 구현에서는 backward( ) 메서드에 의해 경사 계산을 실시했습니다. 사실은 거기에는 이러한 자동 미분이 동작하고 있었습니다.

더욱 복잡한 경로를 가진 연산에서도 backward( ) 메서드에 의해 경사를 계산할 수 있습니다. 다음 예에서는 3가지 요소를 가진 x부터 1개의 요소를 가진 y를 복잡한 경로로 계산하고 있습니다. 그리고 backward( ) 메서드에 의해 역전파를 실시하여 경사를 계산합니다.

▼ 더욱 복잡한 경로의 역전파

In

```
def calc(a):
    b = a*2 + 1
    c = b*b
    d = c/(c + 2)
    e = d.mean()
    return e

x = [1.0, 2.0, 3.0]
x = torch.tensor(x, requires_grad=True)
y = calc(x)
y.backward()
print(x.grad)  # x의 경사(x의 각 값의 변화에 대한 y의 변화 비율)
```

Out

```
tensor([0.0661, 0.0183, 0.0072])
```

x의 각 요소의 경사를 계산할 수 있었습니다. x의 각 요소의 변화가 얼마나 y
에 변화를 주는지 수치화할 수 있었습니다.

여기에서 위의 경사가 올바르게 계산되었는지를 확인합시다. x의 각 요소를 미
세하게 변화시켜서 x의 미세한 변화에 대한 y의 미세한 변화의 비율을 구합니
다. x의 경사를 근사적으로 계산하고 있는 것이 됩니다.

또한, 이 경우 backward( ) 메서드를 사용하지 않으므로 requires_grad 속
성의 기술은 필요 없습니다.

▼ 미세한 변화의 비율을 계산
In

```
delta = 0.001 # x의 미세한 변화

x = [1.0, 2.0, 3.0]
x = torch.tensor(x)
y = calc(x)

x_1 = [1.0+delta, 2.0, 3.0]
x_1 = torch.tensor(x_1)
y_1 = calc(x_1)

x_2 = [1.0, 2.0+delta, 3.0]
x_2 = torch.tensor(x_2)
y_2 = calc(x_2)

x_3 = [1.0, 2.0, 3.0+delta]
x_3 = torch.tensor(x_3)
y_3 = calc(x_3)

# 경사 계산(y의 미세한 변화)/(x의 미세한 변화)
```

```
grad_1 = (y_1 - y) / delta
grad_2 = (y_2 - y) / delta
grad_3 = (y_3 - y) / delta

grads = torch.stack((grad_1, grad_2, grad_3))  # Tensor를 결합
print(grads)
```

Out

```
tensor([0.0660, 0.0183, 0.0072])
```

x의 아주 작은 변화를 0.001이라는 작은 값으로 했는데, 경사값은 backward( ) 메서드을 이용한 계산 결과와 거의 같아졌습니다. backward( ) 메서드에 의해 올바르게 경사가 계산되어 있는 것을 확인할 수 있습니다.

PyTorch에서는 이러한 자동 미분이 내부에서 실행되고 있으며, 그 구체적인 과정을 스스로 확인할 필요는 없습니다. 그러나 어느 타이밍에 경사가 계산되고 어느 타이밍에 파라미터가 갱신되는지는 알아둘 필요가 있습니다.

자동 미분에 대해서 더 자세히 알고 싶은 분은 공식 문서를 참고해 주세요.

• 자동 미분의 튜토리얼
   URL https://pytorch.org/tutorials/beginner/blitz/autograd_tutorial.html

4.2 에포크와 배치

DataLoader를 설명하기 전에 훈련 데이터를 다룰 때에 중요한 에포크와 배치의 개념에 대해서 설명합니다.

4.2.1 에포크와 배치

훈련 데이터를 1회 다 써서 학습하는 것을 1 에포크(epoch)라는 단위로 셉니다. 1 에포크로 훈련 데이터를 중복하지 않고 대부분을 사용합니다. 훈련 데이터의 샘플(입력과 정답의 쌍)은 여러 개를 그룹으로 합쳐서 한 번의 학습에 사용됩니다. 이 그룹을 배치(batch)라고 합니다. 한 번의 학습에서는 순전파, 역전파, 파라미터의 갱신이 이뤄지는데 이것들은 배치마다 실행됩니다. 훈련 데이터는 1 에포크마다 무작위로 여러 개의 배치로 분할됩니다.

다음 그림은 훈련 데이터와 배치의 관계를 나타냅니다.

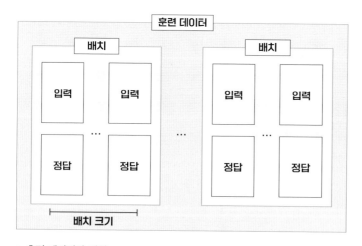

▲ 훈련 데이터와 배치

배치에 포함되는 샘플 수를 배치 크기라고 합니다. 학습할 때는 배치 안의 모든 샘플을 한 번에 사용하여 경사를 계산하고, 파라미터를 갱신합니다. 배치 크기는 하이퍼 파라미터의 일종으로 기본적으로 학습 내내 일정합니다.

이 배치 크기에 따라 학습 타입은 이후에 설명하는 3가지로 나눌 수 있습니다.

4.2.2 배치 학습

배치 학습에서는 훈련 데이터 전체가 1개의 배치가 됩니다. 즉, 배치 크기는 모든 훈련 데이터의 샘플 수가 됩니다. 1 에포크마다 모든 훈련 데이터를 한 번에 사용하여 순전파, 역전파, 파라미터의 갱신을 실시하여 학습이 이뤄집니다. 파라미터는 1 에포크마다 갱신됩니다.

덧붙여서 3.6절 간단한 심층학습의 구현에서 실시되었던 것은 이 배치 학습입니다. 일반적으로 배치 학습은 안정적이며 다른 2개의 학습 타입과 비교해서 속도가 빠르지만 국소적인 최적해에 사로잡히기 쉽다는 단점이 있습니다.

4.2.3 온라인 학습

온라인 학습에서는 배치 크기가 1이 됩니다. 즉, 샘플마다 순전파, 역전파, 파라미터 갱신을 실시하여 학습이 이뤄집니다. 개개의 샘플마다 가중치와 바이어스가 갱신됩니다. 개개의 샘플 데이터에 휘둘리기 때문에 안정성은 떨어지지만 오히려 국소적인 최적해에 쉽게 빠져들지 않는다는 장점이 있습니다.

4.2.4 미니 배치 학습

미니 배치 학습에서는 훈련 데이터를 작은 배치로 분할하고, 이 작은 배치마다 학습을 실시합니다. 배치 학습보다도 배치 크기가 작고 배치는 보통 무작위로 선택되므로 배치 학습과 비교해서 국소적인 최적해에 쉽게 빠져들지 않는다는 장점이 있습니다. 또한, 온라인 학습보다는 배치 크기가 크므로 잘못된 방향으로 학습이 진행될 위험을 줄일 수 있습니다.

심층학습에서 가장 일반적으로 이뤄지고 있는 것은 이 미니 배치 학습입니다.

4.2.5 학습의 예

훈련 데이터의 샘플 수가 10000이라고 합시다. 이 샘플을 모두 사용하면 1 에포크가 됩니다. 배치 학습의 경우 배치 크기는 10000이며, 1 에포크당 1회 파라미터가 갱신됩니다. 온라인 학습의 경우 배치 크기는 1이며, 1 에포크당 10000회 파라미터의 갱신이 이뤄집니다.

미니 배치 학습의 경우 배치 크기를 예를 들어 50으로 설정하면 1 에포크당 200회 파라미터 갱신이 이뤄집니다. 미니 배치 학습에 있어서 배치 크기가 학습 시간이나 성능에 적지 않은 영향을 준다는 것은 경험적으로 알려져 있는데 배치 크기의 최적화는 상당히 어려운 문제입니다.

4.3 DataLoader

DataLoader를 사용하면 데이터 읽어 들이기, 전처리, 미니 배치 학습을 간단하게 구현할 수 있습니다.

이번은 DataLoader를 사용하여 데이터를 다루고, 손글씨 문자의 인식을 실시합니다. 이미지 크기가 조금 많아지므로 이번부터는 GPU를 사용합니다. 메뉴에서 수정 → 노트 설정을 선택하여 하드웨어 가속기에서 GPU를 선택합시다.

4.3.1 데이터 읽어 들이기

torchvision.datasets를 사용하여 손글씨 숫자의 데이터셋(MNIST)을 취득합니다. 데이터를 이미지로 나타내면 다음 그림과 같습니다.

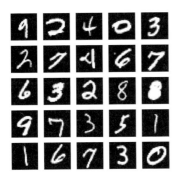

▲ torchvision.datasets의 MNIST

3.6절 간단한 심층학습의 구현에서는 8×8 픽셀 크기의 흑백 손글씨 숫자 이미지를 다뤘는데 이번에 다루는 것은 torchvision.datasets에 포함되는

28×28 픽셀 크기의 흑백 이미지입니다. DataLoader를 사용할 수 있다면 torchvision.datasets에 준비된 다양한 데이터셋을 이용할 수 있습니다.

- 데이터셋

  URL https://pytorch.org/vision/stable/datasets.html

다음 코드는 훈련용의 데이터셋과 테스트용의 데이터셋을 각각 취득합니다.

▼ MNIST 데이터셋의 취득

In

```python
from torchvision.datasets import MNIST
from torchvision import transforms

img_size = 28  # 이미지의 높이와 폭

# 훈련 데이터를 취득
mnist_train = MNIST("./data",
            train=True, download=True,
            transform=transforms.ToTensor())  # Tensor로 변환
# 테스트 데이터의 취득
mnist_test = MNIST("./data",
            train=False, download=True,
            transform=transforms.ToTensor())  # Tensor로 변환
print("훈련 데이터의 수:", len(mnist_train), "테스트 데이터의 수:",
len(mnist_test))
```

Out

```
Downloading http://yann.lecun.com/exdb/mnist/train-images-idx3-ubyte.gz
Downloading http://yann.lecun.com/exdb/mnist/train-images-idx3-
ubyte.gz to ./data/MNIST/raw/train-images-idx3-ubyte.gz
100%
9912422/9912422 [00:00<00:00, 160436020.58it/s]
```

```
Extracting ./data/MNIST/raw/train-images-idx3-ubyte.gz to ./data/
MNIST/raw

Downloading http://yann.lecun.com/exdb/mnist/train-labels-idx1-ubyte.gz
Downloading http://yann.lecun.com/exdb/mnist/train-labels-idx1-
ubyte.gz to ./data/MNIST/raw/train-labels-idx1-ubyte.gz
100%
28881/28881 [00:00<00:00, 1419780.75it/s]
Extracting ./data/MNIST/raw/train-labels-idx1-ubyte.gz to ./data/MNIST/raw

Downloading http://yann.lecun.com/exdb/mnist/t10k-images-idx3-ubyte.gz
Downloading http://yann.lecun.com/exdb/mnist/t10k-images-idx3-ubyte.
gz to ./data/MNIST/raw/t10k-images-idx3-ubyte.gz
100%
1648877/1648877 [00:00<00:00, 62078266.85it/s]
Extracting ./data/MNIST/raw/t10k-images-idx3-ubyte.gz to ./data/MNIST/raw

Downloading http://yann.lecun.com/exdb/mnist/t10k-labels-idx1-ubyte.gz
Downloading http://yann.lecun.com/exdb/mnist/t10k-labels-idx1-ubyte.
gz to ./data/MNIST/raw/t10k-labels-idx1-ubyte.gz
100%
4542/4542 [00:00<00:00, 206125.48it/s]
Extracting ./data/MNIST/raw/t10k-labels-idx1-ubyte.gz to ./data/MNIST/raw

훈련 데이터의 수: 60000 테스트 데이터의 수: 10000
```

4.3.2 DataLoader의 설정

DataLoader( ) 클래스를 사용하여 DataLoader를 설정합니다. Data Loader 클래스를 초기화할 때는 데이터 본체와 배치 크기를 설정합니다.

또한, shuffle=True와 같이 기술하여 데이터를 섞어 미니 배치를 꺼낼지 여부를 설정합니다. 여기서는 훈련 데이터를 True, 테스트 데이터를 False로 설정합니다.

▼ DataLoader의 설정
In

```
from torch.utils.data import DataLoader

# DataLoader의 설정
batch_size = 256  # 배치 크기
train_loader = DataLoader(mnist_train,
                          batch_size=batch_size,
                          shuffle=True)
test_loader = DataLoader(mnist_test,
                         batch_size=batch_size,
                         shuffle=False)
```

4.3.3 모델 구축

3.6절 간단한 심층학습 구현에서는 nn.Sequential( ) 클래스를 사용하여 모델을 구축했는데 이번은 nn.Module( ) 클래스를 상속한 클래스로서 모델을 구축합니다. 이 방법이 더욱 복잡한 모델에 유연하게 대응할 수 있습니다.

이러한 클래스에서는 다음 코드와 같이 __init__( ) 메서드 내에서 각 층의 초기 설정을 실시하고 forward( ) 메서드 내에 순전파의 처리를 기술합니다.

▼ 모델 구축
In

```
import torch.nn as nn

class Net(nn.Module):
```

```
    def __init__(self):
      super().__init__()
      self.fc1 = nn.Linear(img_size*img_size, 1024) # 전결합층
      self.fc2 = nn.Linear(1024, 512)
      self.fc3 = nn.Linear(512, 10)
      self.relu = nn.ReLU() # ReLU 학습 파라미터가 없으므로 다시 사용할
수 있다

    def forward(self, x):
      x = x.view(-1, img_size*img_size) # (배치 크기, 입력 수): 이미지를
1차원으로 변환
      x = self.relu(self.fc1(x))
      x = self.relu(self.fc2(x))
      x = self.fc3(x)
      return x

net = Net()
net.cuda() # GPU 대응
print(net)
```

Out

```
Net(
  (fc1): Linear(in_features=784, out_features=1024, bias=True)
  (fc2): Linear(in_features=1024, out_features=512, bias=True)
  (fc3): Linear(in_features=512, out_features=10, bias=True)
  (relu): ReLU()
)
```

앞의 코드에서는 net.cuda() 메서드에 의해 GPU 대응을 실시하고 있습니다.
이로써 모델 계산은 GPU에서 이루어지게 됩니다.

4.3.4 학습

모델을 훈련합니다. DataLoader를 사용하여 미니 배치를 꺼내서 훈련 및 평가를 실시합니다.

다음의 코드로 미니 배치 학습은 구현됩니다.

```
for j, (x, t) in enumerate(train_loader):
```

이러한 기술에 의해 훈련 데이터로부터 미니 배치(x, t)가 매 루프마다 꺼내집니다. enumerate하고 있으므로 j에는 0을 시작으로 하는 루프의 횟수가 들어갑니다. 1 에포크 중에 여러 번 미니 배치를 사용하여 학습이 이뤄집니다.

x는 입력, t는 정답인데, 각각 cuda() 메서드에 의해 GPU 대응으로 해야 합니다.

▼ 미니 배치 학습을 이용한 모델의 훈련

In

```
from torch import optim

# 교차 엔트로피 오차 함수
loss_fnc = nn.CrossEntropyLoss()

# SGD
optimizer = optim.SGD(net.parameters(), lr=0.01)

# 손실 로그
record_loss_train = []
record_loss_test = []

# 학습
for i in range(10):  # 10 에포크 학습
    net.train()  # 훈련 모드
```

```python
loss_train = 0
for j, (x, t) in enumerate(train_loader):  # 미니 배치 (x, t)를 꺼낸다
    x, t = x.cuda(), t.cuda()  # GPU 대응
    y = net(x)
    loss = loss_fnc(y, t)
    loss_train += loss.item()
    optimizer.zero_grad()
    loss.backward()
    optimizer.step()
loss_train /= j+1
record_loss_train.append(loss_train)

net.eval()  # 평가 모드
loss_test = 0
for j, (x, t) in enumerate(test_loader):  # 미니 배치 (x, t)를 꺼낸다
    x, t = x.cuda(), t.cuda()  # GPU 대응
    y = net(x)
    loss = loss_fnc(y, t)
    loss_test += loss.item()
loss_test /= j+1
record_loss_test.append(loss_test)

if i%1 == 0:
    print("Epoch:", i, "Loss_Train:", loss_train, "Loss_Test:", loss_test)
```

Out

```
Epoch: 0 Loss_Train: 2.2174178133619593 Loss_Test: 2.0876794159412384
Epoch: 1 Loss_Train: 1.8165658337004642 Loss_Test: 1.417587786912918
Epoch: 2 Loss_Train: 1.096811051317986 Loss_Test: 0.813005980849266
Epoch: 3 Loss_Train: 0.7135776096201958 Loss_Test: 0.5928683549165725
```

```
Epoch: 4 Loss_Train: 0.5607038113665074 Loss_Test: 0.48987600207328796

Epoch: 5 Loss_Train: 0.4831835116477723 Loss_Test: 0.43288975991308687

Epoch: 6 Loss_Train: 0.43640072320369966 Loss_Test: 0.39791672993451355

Epoch: 7 Loss_Train: 0.4054746910612634 Loss_Test: 0.3712536122649908

Epoch: 8 Loss_Train: 0.3826463742459074 Loss_Test: 0.3520397193729877

Epoch: 9 Loss_Train: 0.36548860314044546 Loss_Test: 0.3388433034531772
```

앞의 코드에서는 net.train( ) 메서드의 기술에 의해 훈련 모드로, net.eval( )
메서드의 기술에 의해 평가 모드로 바뀌고 있습니다. 이번 모델에서 사용하는
층에 영향은 없지만 Chapter5에서 다루는 드롭아웃층 등의 몇 가지 종류의
층은 훈련 모드와 평가 모드에서 다르게 행동을 하므로 이렇게 기술해 두는 것
이 무난합니다.

4.3.5 오차 추이

훈련 데이터와 테스트 데이터, 각각의 오차 추이를 그래프로 표시합니다.

▼ 오차 추이

In

```
import matplotlib.pyplot as plt

plt.plot(range(len(record_loss_train)), record_loss_train, label="Train")
plt.plot(range(len(record_loss_test)), record_loss_test, label="Test")
plt.legend()

plt.xlabel("Epochs")
plt.ylabel("Error")
plt.show()
```

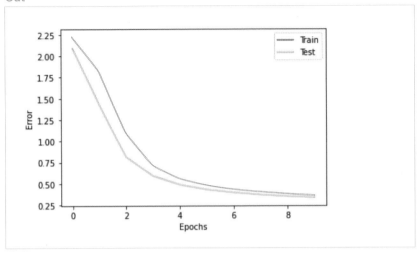

훈련 데이터, 테스트 데이터, 각각의 오차는 모두 매끄럽게 감소하고 있습니다. 테스트 데이터 쪽이 오차가 약간 작은데 이것은 테스트 데이터의 오차는 에포크 종료 후에 측정하고 있는 반면 훈련 데이터의 오차는 에포크의 도중에 조금씩 학습을 진행하면서 측정하고 있기 때문입니다.

4.3.6 정답률

모델의 성능을 파악하기 위해 테스트 데이터를 사용하여 정답률을 측정합니다.

▼ 정답률의 계산

In

```
correct = 0
total = 0
net.eval() # 평가 모드
for i, (x, t) in enumerate(test_loader):
    x, t = x.cuda(), t.cuda() # GPU 대응
    y = net(x)
```

```
    correct += (y.argmax(1) == t).sum().item()
    total += len(x)
print("정답률:", str(correct/total*100) + "%")
```

```
정답률: 90.28%
```

90% 정도의 높은 정답률을 보였습니다.

이상과 같이 해서 DataLoader를 심층학습 코드에 가져올 수 있습니다. 데이터를 효율적으로 다룰 수 있는 매우 편리한 기능입니다.

4.4 연습

배치 학습과 온라인 학습을 DataLoader를 사용하여 구현하고 결과를 비교해 봅시다. 코드 셀의 지정된 부분에 코드를 추가해 주세요. 배치 학습과 온라인 학습에 대해서는 4.2절 에포크와 배치에서 설명했습니다.

4.4.1 데이터 읽어 들이기

데이터를 읽어 들입니다.

▼ MNIST 데이터셋의 취득

In

```python
from torchvision.datasets import MNIST
from torchvision import transforms

img_size = 28  # 이미지의 높이와 폭

# 훈련 데이터를 취득
mnist_train = MNIST("./data",
            train=True, download=True,
            transform=transforms.ToTensor())  # Tensor로 변환
# 테스트 데이터의 취득
mnist_test = MNIST("./data",
            train=False, download=True,
            transform=transforms.ToTensor())  # Tensor로 변환

print("훈련 데이터의 수:", len(mnist_train), "테스트 데이터의 수:",
len(mnist_test))
```

4.4.2 DataLoader의 설정

다음과 같이 지정된 영역에 코드를 추가하고, DataLoader를 사용한 온라인 학습을 구현해 주세요. 온라인 학습은 훈련 데이터를 다 사용하는 데 시간이 걸리므로 뒤의 셀에서 에포크 수를 5 정도로 설정하였습니다.

DataLoader는 mnist_train과 mnist_test 각각에 대해 설정해 주세요. 온라인 학습을 실행할 수 있었다면 다음은 배치 학습의 구현에 시도해 봅시다. 마찬가지로 5 에포크 정도 학습합니다. 미니 배치 학습, 온라인 학습, 배치 학습을 비교하여 오차의 변화 및 학습 시간에 어떠한 차이가 있는지 확인해 봅시다.

▼ DataLoader의 설정

In

```
from torch.utils.data import DataLoader


# DataLoader의 설정
# ------- 이하에 코드를 추가 기술 -------




# ------- 여기까지 -------
```

4.4.3 모델 구축

▼ 모델 구축

In

```
import torch.nn as nn


class Net(nn.Module):
```

```
  def __init__(self):
    super().__init__()
    self.fc1 = nn.Linear(img_size*img_size, 1024) # 전결합층
    self.fc2 = nn.Linear(1024, 512)
    self.fc3 = nn.Linear(512, 10)
     self.relu = nn.ReLU() # ReLU 학습 파라미터가 없으므로 다시 사용할
수 있다

  def forward(self, x):
    x = x.view(-1, img_size*img_size) # (배치 크기, 입력 수): 이미지를
1차원으로 변환
    x = self.relu(self.fc1(x))
    x = self.relu(self.fc2(x))
    x = self.fc3(x)
    return x

net = Net()
net.cuda() # GPU 대응
print(net)
```

4.4.4 학습

▼ 미니 배치 학습을 이용한 모델의 훈련

In

```
from torch import optim

# 교차 엔트로피 오차 함수
loss_fnc = nn.CrossEntropyLoss()

# SGD
optimizer = optim.SGD(net.parameters(), lr=0.01)
```

```python
# 손실 로그
record_loss_train = []
record_loss_test = []

# 학습
for i in range(5):  # 5 에포크 학습
    net.train()  # 훈련 모드
    loss_train = 0
    for j, (x, t) in enumerate(train_loader):  # 미니 배치 (x, t)를 꺼낸다
        x, t = x.cuda(), t.cuda()  # GPU 대응
        y = net(x)
        loss = loss_fnc(y, t)
        loss_train += loss.item()
        optimizer.zero_grad()
        loss.backward()
        optimizer.step()
    loss_train /= j+1
    record_loss_train.append(loss_train)

    net.eval()  # 평가 모드
    loss_test = 0
    for j, (x, t) in enumerate(test_loader):  # 미니 배치 (x, t)를 꺼낸다
        x, t = x.cuda(), t.cuda()  # GPU 대응
        y = net(x)
        loss = loss_fnc(y, t)
        loss_test += loss.item()
    loss_test /= j+1
    record_loss_test.append(loss_test)

    if i%1 == 0:
        print("Epoch:", i, "Loss_Train:", loss_train, "Loss_Test:", loss_test)
```

4.4.5 오차 추이

▼ 오차 추이

In

```python
import matplotlib.pyplot as plt

plt.plot(range(len(record_loss_train)), record_loss_train, label="Train")
plt.plot(range(len(record_loss_test)), record_loss_test, label="Test")
plt.legend()

plt.xlabel("Epochs")
plt.ylabel("Error")
plt.show()
```

4.4.6 정답률

▼ 정답률

In

```python
correct = 0
total = 0
net.eval()  # 평가 모드
for i, (x, t) in enumerate(test_loader):
    x, t = x.cuda(), t.cuda()  # GPU 대응
    y = net(x)
    correct += (y.argmax(1) == t).sum().item()
    total += len(x)
print("정답률:", str(correct/total*100) + "%")
```

4.4.7 정답 예

온라인 학습의 정답 예입니다.

▼ 정답 예: 온라인 학습

In

```python
from torch.utils.data import DataLoader

# DataLoader의 설정
# ------- 이하에 코드를 추가 기술 -------
batch_size = 1 # 배치 크기
train_loader = DataLoader(mnist_train,
                          batch_size=batch_size,
                          shuffle=True)
test_loader = DataLoader(mnist_test,
                         batch_size=batch_size,
                         shuffle=False)
# ------- 여기까지 -------
```

배치 학습의 정답 예입니다.

▼ 정답 예: 배치 학습

In

```python
from torch.utils.data import DataLoader

# DataLoader의 설정
# ------- 이하에 코드를 추가 기술 -------
train_loader = DataLoader(mnist_train,
                          batch_size=len(mnist_train),
                          shuffle=True)
test_loader = DataLoader(mnist_test,
                         batch_size=len(mnist_test),
                         shuffle=False)
# ------- 여기까지 -------
```

4.5 정리

Chapter4에서 배운 것을 정리합니다. 이번 장에서는 자동 미분과 Data Loader에 대해 배웠습니다.

자동 미분을 배움으로써 PyTorch 내부의 경사를 계산하는 구조를 알 수 있습니다. 그리고 DataLoader를 배움으로써 데이터를 효율적으로 다루게 되어 미니 배치 학습 등을 구현할 수 있게 되었습니다.

다음 장 이후의 심층학습 코드에서는 이러한 기능을 생각하며 활용해나갑니다.

CNN(합성곱 신경망)

이번 장에서는 CNN(합성곱 신경망)의 구조와 구현을 설명합니다. 다음 내용을 다룹니다.

- CNN의 개요
- 합성곱과 풀링
- 데이터 확장
- 드롭아웃
- CNN의 구현
- 연습

먼저 CNN의 개요를 설명합니다. 그다음에 CNN을 특징 짓는 층인 합성층과 풀링층에 대해 설명합니다. 합성층과 풀링층을 사용함으로써 이미지에서 특징을 효율적으로 추출할 수 있습니다.

그리고 데이터를 불리는 데이터 확장이나 무작위로 뉴런을 소거하는 드롭아웃에 대해서 배웁니다.

그리고 데이터 확장과 드롭 아웃을 근거로 하여 CNN을 PyTorch를 사용해 구현합니다. 데이터 확장과 드롭아웃을 도입하여 범화 성능이 높아지도록 모델을 훈련합니다.

마지막으로 이번 장의 연습을 실시합니다. CNN은 범위를 좁히면 사람의 시각과 동등하거나 그 이상의 능력을 발휘하기까지 합니다. 구조를 배우고 PyTorch로 구현함으로써 그 가능성을 느꼈으면 합니다.

5.1 CNN의 개요

CNN, 즉 합성곱 신경망에 대해서 개요를 설명합니다. CNN은 특히 이미지 인식이 뛰어나며 널리 사용되고 있는 심층학습 기술입니다.

5.1.1 CNN

CNN(Convolutional Neural Network, 합성곱 신경망)은 다음 그림과 같은 이미지를 입력으로 한 분류 문제에 자주 사용됩니다.

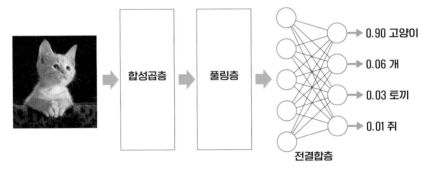

▲ CNN의 예

이 예시를 보면 출력층의 각 뉴런이 각 동물에 대응하고, 출력의 값이 그 동물일 확률을 나타냅니다. 예를 들어 고양이 사진을 학습한 CNN에 입력하면 90%가 고양이, 6%가 개, 3%가 토끼, 1%가 쥐와 같이 그 물체가 무엇일 확률이 가장 높은지를 알려줍니다.

CNN에는 합성곱층, 풀링층이라는 층이 등장합니다. 합성곱층은 필터에 의해 이미지의 특징이 추출되며 풀링층에서는 이미지의 특징을 손상하지 않도록 크기 축소가 이뤄집니다.

이와 같이 CNN에는 이미지를 유연하고 정밀하게 인식하기 위해 통상의 신경망과는 다른 구조가 갖춰집니다. CNN은 범용성이 높은 기술로, GAN(적대적 생성망)을 이용한 이미지 생성이나 자연어 처리에서도 사용되고 있습니다.

5.1.2 CNN의 각 층

CNN은 여러 층으로 구성되어 있다는 점에 관해서는 지금까지 다뤄 온 전결합층만의 신경망과 동일합니다. 다만, CNN의 경우 층의 종류가 합성곱층, 풀링층, 전결합층의 3종류로 늘어납니다.

다음 그림은 전형적인 CNN의 구조입니다.

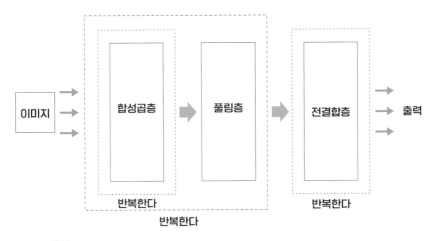

▲ CNN의 구조

이미지는 합성곱층에 입력되지만, 합성곱층과 풀링층은 몇 번 반복되어 전결합층에 연결됩니다. 전결합층도 몇 번 반복되어 마지막의 전결합층이 출력층이 됩니다.

합성곱층에서는 입력된 이미지에 대해 여러 개의 필터로 처리를 실시합니다. 필터 처리의 결과, 입력 이미지는 이미지의 특징을 나타내는 여러 개의 이미지로 변환됩니다. 그리고 풀링층에서는 이미지의 특징을 손상하지 않도록 이미지의 크기를 축소합니다. 이러한 처리를 반복함으로써 점차 이미지의 본질적인 특징이 추출되어 갑니다.

전결합층은 통상의 신경망에서 사용되는 층과 같은 것으로 층 사이의 모든 뉴런이 연결됩니다.

다음 절에서는 이러한 층으로 이뤄지는 합성곱과 풀링의 구체적인 처리에 대해서 설명합니다.

5.2 합성곱과 풀링

합성곱층 및 풀링층에서의 구체적인 처리에 대해서 설명합니다. 각 층의 기능에 대해서 파악해 나갑시다. 또한, CNN에서 중요한 패딩과 스트라이드라는 테크닉을 배워서 채널 수를 설정하고 출력 크기를 계산해 보겠습니다.

5.2.1 합성곱층

먼저 합성곱층에 대해서 설명합니다. 합성곱층에서는 이미지에 대해 합성곱(convolution)이라는 처리를 실시하여 이미지의 특징을 추출합니다. 합성곱 처리에 의해 입력 이미지를 더욱 특징이 강조된 이미지로 변환합니다.

합성곱층에서는 필터를 이용하여 특징의 검출이 이뤄집니다. 필터는 커널이라고도 합니다.

다음 그림은 합성곱층에서 합성곱 처리의 예를 나타냅니다.

▲ 합성곱 처리의 예

입력 이미지에 대해서 격자 모양으로 수치가 나열된 필터를 사용하여 합성곱을 실시해 특징이 추출된 이미지를 얻을 수 있습니다. 위 그림의 예에서는 필터의 특성에 의해 수직 방향의 윤곽이 추출되었습니다.

합성곱에서는 이미지가 가지는 국소성이라는 성질을 이용해 특징을 추출합니다. 이미지에서의 국소성이란 각 픽셀이 가까운 픽셀과 강한 연관성을 가지고 있는 성질을 말합니다. 이웃한 픽셀끼리는 비슷한 색이 될 가능성이 높아지며 윤곽은 인근의 여러 개의 픽셀 그룹으로 구성됩니다. 합성곱에서는 이러한 이미지의 국소성을 이용하여 이미지의 특징을 검출합니다.

다음 그림은 필터를 이용한 합성곱의 예를 나타냅니다.

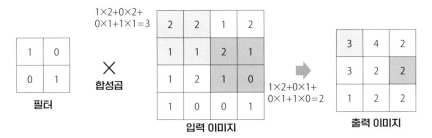

▲ 합성곱의 예

앞의 그림에서는 각 픽셀의 값을 수치로 나타내고 있습니다. 이 값이 픽셀 색의 강도를 나타냅니다. 이 그림에서는 알기 쉽게 하기 위해서 입력을 4×4 픽셀의 이미지로 하고, 필터의 수는 1개로 크기를 2×2 픽셀로 하고 있습니다.

합성곱에서는 필터를 입력 이미지의 위에 배치하고, 겹친 픽셀의 값을 곱합니다. 그리고 곱한 값을 더해서 새로운 픽셀로 합니다. 필터를 배치 가능한 모든 위치에서 이것을 수행함으로써 합성곱에 의해 특징이 추출된 새로운 이미지가 생성됩니다. 위의 예에서는 3×3 픽셀의 새로운 이미지가 생성됩니다.

기본적으로 합성곱을 실시함으로써 이미지의 크기는 원본 이미지보다도 작아집니다.

5.2.2 여러 개 채널, 여러 개 필터의 합성곱

컬러 이미지의 데이터는 각 픽셀이 RGB의 3가지 색상을 갖고 있습니다. 이것은 하나의 이미지가 R, G, B의 3장의 이미지로 구성되어 있다고 해석할 수도 있습니다.

이 장수를 채널 수라고 합니다. RGB의 3가지 컬러의 경우는 채널 수는 3, 흑백 이미지의 경우는 채널 수는 1이 됩니다.

CNN에서는 통상 여러 개의 필터를 이용한 합성곱을 실시합니다. 다음 그림은 RGB 이미지에 대한 합성곱의 예를 나타냅니다.

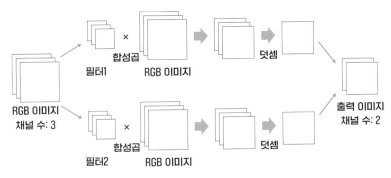

▲ 여러 개의 채널, 여러 개의 필터에 의한 합성곱

앞의 그림에서 원본 이미지의 채널 수는 3이고 필터 수는 2입니다. 각 필터는 입력 이미지와 같은 채널 수를 가집니다. 예를 들어 입력 이미지가 RGB이면 각 필터에는 각각 3개의 채널을 갖게 됩니다.

각 필터에서 채널별로 합성곱을 실시하여 결과로서 각 필터는 3개의 이미지를 얻게 됩니다. 그리고 이러한 이미지의 각 픽셀을 더해서 1개의 이미지로 만듭니다.

필터마다 이러한 처리를 실시함으로써 결과로 생성되는 이미지의 장수는 필터 수와 같아집니다. 이 생성되는 이미지의 장수가 출력 이미지의 채널 수입니다.

이 예에서는 채널 수가 3인 이미지를 합성곱에 입력하고, 채널 수가 2인 이미지를 출력으로 얻고 있습니다. 이러한 출력은 풀링층 및 전결합층, 혹은 다른 합성곱층 등에 입력하게 됩니다.

또한 우리가 평소에 다루는 이미지는 RGB의 3채널 혹은 RGBA의 4채널이지만 합성곱층의 출력은 대개 4채널보다 많아집니다. 이 경우의 이미지는 개념상의 이미지가 됩니다.

합성곱층은 통상 학습하는 파라미터로서 필터의 각 값과 출력값을 조정하는 바이어스를 가집니다.

5.2.3 합성곱층의 구현

다음은 PyTorch에서 합성곱층을 구현하는 예입니다.

```
import torch.nn as nn

class Net(nn.Module):
  def __init__(self):
    super().__init__()
    ...
    self.conv1 = nn.Conv2d(3, 6, 5)   # 합성곱층(입력 채널 수, 필터 수,
파일 크기)
    ...

  def forward(self, x):
    ...
    x = self.conv1(x)
    ...
    return x
```

합성곱층 nn.Conv2d( ) 클래스에는 입력 이미지의 채널 수, 필터의 수, 필터 크기 등을 전달합니다.

5.2.4 풀링층

풀링층은 통상 합성곱층의 뒤에 배치합니다. 풀링층에서는 다음 그림과 같이 이미지를 각 영역으로 구분하고, 각 영역을 대표하는 값을 꺼내어 나열함으로써 새로운 이미지를 생성합니다. 이러한 처리를 풀링(Pooling)이라고 합니다.

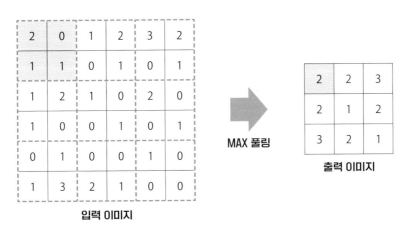

입력 이미지   출력 이미지

▲ 풀링층의 예

앞 그림의 예에서는 각 영역의 최댓값을 각 영역을 대표하는 값으로 합니다. 이와 같은 풀링 방법은 MAX 풀링이라고 합니다. 이 밖에도 영역의 평균값을 취하는 평균 풀링 등의 방법도 있는데, 이 책에서는 앞으로 풀링이라는 단어는 MAX 풀링을 가리키는 것으로 하겠습니다.

앞의 그림에서 나타냈듯이 풀링에 의해 이미지가 축소됩니다. 예를 들어 6×6 픽셀 이미지에 대해 2×2 픽셀 영역에서 풀링하면 이미지 크기는 3×3 픽셀이 됩니다.

풀링은 이를 테면 이미지를 흐리게 하는 처리입니다. 풀링을 함으로써 대상의 위치 감도가 저하되고 위치 변화에 대한 완강성을 얻게 됩니다. 또한, 풀링에 의해 이미지 크기가 작아지기 때문에 계산량이 줄어드는 장점도 있습니다.

풀링층으로 구분하는 영역은 통상 고정되어 있으며, 학습 파라미터가 없으므로 학습은 이뤄지지 않습니다. 또한, 풀링층을 거쳐도 채널 수는 변화하지 않습니다.

5.2.5 풀링층의 구현

다음은 PyTorch에서의 풀링층의 구현 예입니다.

```python
import torch.nn as nn

class Net(nn.Module):
  def __init__(self):
    super().__init__()
    ...
    self.pool = nn.MaxPool2d(2, 2)  # 풀링층: (영역의 크기, 영역의 간격)
    ...

  def forward(self, x):
    ...
    x = self.pool(x)
    ...
    return x
```

풀링층 nn.MaxPool2d( ) 클래스에는 영역의 크기, 영역의 간격(스트라이드) 등을 전달합니다.

5.2.6 패딩

입력 이미지를 둘러싸듯이 픽셀을 배치하는 테크닉을 패딩이라고 합니다. 패딩은 합성곱층 및 풀링층에서 많이 실시합니다.

다음 그림은 패딩의 예를 나타냅니다.

2	2	1	2
1	1	2	1
1	2	1	0
1	0	0	1

제로 패딩

0	0	0	0	0	0
0	2	2	1	2	0
0	1	1	2	1	0
0	1	2	1	0	0
0	1	0	0	1	0
0	0	0	0	0	0

▲ 패딩의 예

앞 그림의 예에서는 이미지의 주위에 값이 0인 픽셀을 배치하고 있습니다. 이러한 패딩 방식을 제로 패딩이라고 합니다. 이 밖에도 다양한 패딩 방법이 있는데 CNN에서는 이 제로 패딩이 널리 사용됩니다.

이러한 패딩에 의해 이미지의 크기는 커집니다. 예를 들어 4×4 픽셀의 이미지에 대해 폭이 1인 제로 패딩을 실시하면 이미지는 1겹의 픽셀에 둘러싸이게 되며, 이미지 크기는 6×6 픽셀이 됩니다. 또한, 6×6 픽셀의 이미지에 대해서 폭이 2인 패딩을 실시하면 이미지 크기는 10×10 픽셀이 됩니다.

합성곱 및 풀링에 의해 이미지 크기는 작아지므로 이러한 층을 몇 번 거듭하면 마지막에는 이미지 크기가 1×1 픽셀이 됩니다. 패딩으로 이 문제에 대처할 수 있습니다. 패딩을 실시해서 이미지 크기가 너무 작아지는 것을 방지할 수 있습니다.

또한, 이미지의 마지막에는 합성곱의 횟수가 적어지는데 패딩에 의해 이미지의 끝에서 합성곱 횟수가 증가하므로 마지막 특징도 잘 파악할 수 있게 됩니다.

5.2.7 스트라이드

합성곱에서 필터가 이동하는 간격을 스트라이드라고 합니다. 합성곱층에서 대부분의 경우 스트라이드가 1인데 스트라이드가 2 이상인 경우도 있습니다.

다음 그림은 스트라이드가 1인 예와 2인 예를 나타냅니다.

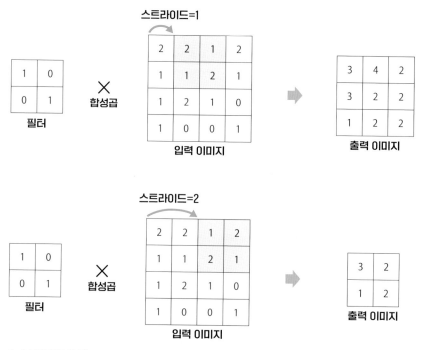

▲ 스트라이드의 예

스트라이드가 큰 경우, 필터의 이동 거리가 크기 때문에 출력 이미지의 크기는 작아집니다. 스트라이드가 너무 크면 중요한 특징을 놓칠 염려가 있으므로 스트라이드는 1로 설정되는 경우가 많습니다.

또한, 풀링층에서도 대표값을 추출하는 영역의 간격을 지정하는 데 스트라이드가 사용됩니다.

5.2.8 합성곱을 이용한 이미지 크기의 변화

합성곱에 의해 이미지 크기의 변화를 수식으로 나타냅니다.

입력 이미지의 크기를 $F_h \times F_w$, 필터의 크기를 $F_h \times F_w$, 패딩의 폭을 D, 스트라이드의 값을 S로 하면 출력 이미지의 크기 O_h와 폭 O_w는 다음의 식으로 나타낼 수 있습니다.

$$O_h = \frac{I_h - F_h + 2D}{S} + 1$$

$$O_w = \frac{I_w - F_w + 2D}{S} + 1$$

이처럼 합성곱에서 출력 이미지의 크기는 간단한 계산으로 구할 수 있습니다.

5.3 데이터 확장

훈련 데이터가 적으면 범화 성능이 떨어집니다. 범화 성능이란 미지의 데이터에 대한 대응력으로, 이것이 낮으면 실용적인 모델이 되지 않습니다. 그렇지만이미지 등의 학습 데이터를 많이 모으기 위해서는 품이 많이 듭니다.

이러한 문제에 대한 대책 중의 하나가 데이터 확장입니다. 데이터 확장에서는이미지에 다음과 같은 변환을 가해 이미지를 부풀림합니다.

- 회전
- 확대/축소
- 상하좌우로 이동
- 상하좌우로 반전
- 일부를 소거

이로써 학습 데이터 부족 문제가 해소되고 범화 성능이 향상됩니다.

이번은 torchvision.transforms 모듈을 사용하여 이 데이터를 확장하는 데모를 구현합니다.

5.3.1 CIFAR-10

이번 데이터 확장 데모에는 CIFAR-10이라는 데이터셋을 사용합니다.

CIFAR은 약 6만 장의 이미지에 라벨을 붙인 데이터셋입니다. RGB 색상 이미지와 대응하는 라벨의 쌍으로 구성되어 있습니다. airplane나 automobile

등의 탈것과 bird나 cat 등의 동물을 포함한 10 클래스의 라벨이 있습니다. 이미지 크기가 32×32 픽셀로 작고 다루기가 편해서 널리 기계학습 분야에서 이용되고 있습니다.

CIFAR-10은 torchvision.datasets 모듈로부터 읽어 들일 수 있습니다.

다음 코드는 CIFAR-10을 읽어 들이고 그중에서 무작위로 25장의 이미지를 표시합니다.

▼ CIFAR-10의 이미지를 표시

In

```python
from torchvision.datasets import CIFAR10
import torchvision.transforms as transforms
from torch.utils.data import DataLoader
import matplotlib.pyplot as plt

cifar10_data = CIFAR10(root="./data",
                train=False,download=True,
                transform=transforms.ToTensor())
cifar10_classes = ["airplane", "automobile", "bird", "cat", "deer",
            "dog", "frog", "horse", "ship", "truck"]
print("데이터의 수:", len(cifar10_data))

n_image = 25  # 표시하는 이미지의 수
cifar10_loader = DataLoader(cifar10_data, batch_size=n_image,
shuffle=True)
dataiter = iter(cifar10_loader)  # 이터레이터: 요소를 차례대로 꺼낼 수
있게 한다
images, labels = next(dataiter) # 처음의 배치를 꺼낸다

plt.figure(figsize=(10,10))  # 이미지의 표시 크기
```

```
for i in range(n_image):
    ax = plt.subplot(5,5,i+1)
    ax.imshow(images[i].permute(1, 2, 0))  # 채널을 가장 뒤의 차원으로
    label = cifar10_classes[labels[i]]
    ax.set_title(label)
    ax.get_xaxis().set_visible(False)  # 축을 표시하지 않는다
    ax.get_yaxis().set_visible(False)


plt.show()
```

Out

5.3.2 데이터 확장: 회전과 크기 조절

torchvision.transforms 모듈을 사용하여 데이터 확장을 구현합니다.

우선 회전과 크기 조절을 실시합니다. transforms.RandomAffine( ) 클래스를 사용하여 CIFAR-10의 이미지에 -45~45°의 회전 및 0.5~1.5배의 크기 조절을 무작위로 가합니다.

이러한 처리는 배치를 꺼낼 때에 원본 이미지에 대해서 가해집니다.

▼ 데이터 확장: 회전과 크기 조절

In

```
transform = transforms.Compose([transforms.RandomAffine((-45, 45),
scale=(0.5, 1.5)), # 회전과 크기 조절
                    transforms.ToTensor()])
cifar10_data = CIFAR10(root="./data",
                train=False,download=True,
                transform=transform)

cifar10_loader = DataLoader(cifar10_data, batch_size=n_image,
shuffle=True)
dataiter = iter(cifar10_loader)
images, labels = next(dataiter)

plt.figure(figsize=(10,10)) # 이미지의 표시 크기
for i in range(n_image):
    ax = plt.subplot(5,5,i+1)
    ax.imshow(images[i].permute(1, 2, 0))
    label = cifar10_classes[labels[i]]
    ax.set_title(label)
    ax.get_xaxis().set_visible(False)
    ax.get_yaxis().set_visible(False)
```

```
plt.show()
```

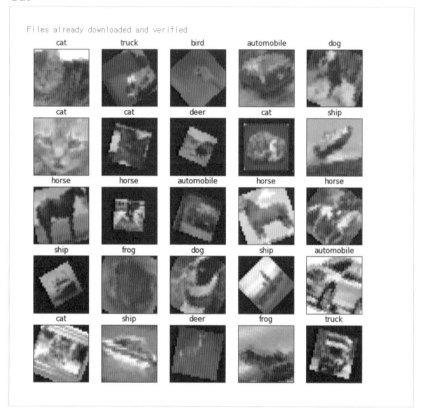

지정된 범위에서, 이미지가 무작위로 회전, 크기 조절된 상태를 확인할 수 있습니다.

5.3.3 데이터 확장: 이동

데이터를 확장하기 위해 이미지를 상하좌우로 이동합니다. transforms.
RandomAffine( ) 클래스를 사용하여 CIFAR-10 이미지에 수평 방향, 수직 방향으로 각각 이미지 크기의 0.5배 이내 범위에서 무작위로 이동합니다. 회전의 범위를 지정할 필요가 있는데, 이것은 0으로 합니다.

▼ 데이터 확장: 이동

In

```
transform = transforms.Compose([transforms.RandomAffine((0, 0),
translate=(0.5, 0.5)), # 상하좌우로 시프트
                    transforms.ToTensor()])
cifar10_data = CIFAR10(root="./data",
              train=False,download=True,
              transform=transform)

cifar10_loader = DataLoader(cifar10_data, batch_size=n_image,
shuffle=True)
dataiter = iter(cifar10_loader)
images, labels = next(dataiter)

plt.figure(figsize=(10,10)) # 이미지의 표시 크기
for i in range(n_image):
   ax = plt.subplot(5,5,i+1)
   ax.imshow(images[i].permute(1, 2, 0))
   label = cifar10_classes[labels[i]]
   ax.set_title(label)
   ax.get_xaxis().set_visible(False)
   ax.get_yaxis().set_visible(False)

plt.show()
```

Out

지정된 범위에서, 이미지가 무작위로 상하좌우에 이동된 상태를 확인할 수 있습니다.

5.3.4 데이터 확장: 반전

데이터를 확장하기 위해 이미지를 수평 방향과 수직 방향으로 반전합니다. transforms.RandomHorizontalFlip( )클래스와 transforms.RandomVerticalFlip( ) 클래스를 사용합니다. CIFAR-10 이미지에 수평 방향, 수직 방향 각각 0.5의 확률(p=0.5)로 반전을 무작위로 더합니다.

▼ 데이터 확장 : 반전

```
transform = transforms.Compose([transforms.
RandomHorizontalFlip(p=0.5), # 좌우 반전
                    transforms.RandomVerticalFlip(p=0.5), # 상하 반전
                    transforms.ToTensor()])
cifar10_data = CIFAR10(root="./data",
            train=False,download=True,
            transform=transform)


cifar10_loader = DataLoader(cifar10_data, batch_size=n_image,
shuffle=True)
dataiter = iter(cifar10_loader)
images, labels = next(dataiter)


plt.figure(figsize=(10,10)) # 이미지의 표시 크기
for i in range(n_image):
    ax = plt.subplot(5,5,i+1)
    ax.imshow(images[i].permute(1, 2, 0))
    label = cifar10_classes[labels[i]]
    ax.set_title(label)
    ax.get_xaxis().set_visible(False)
    ax.get_yaxis().set_visible(False)


plt.show()
```

Out

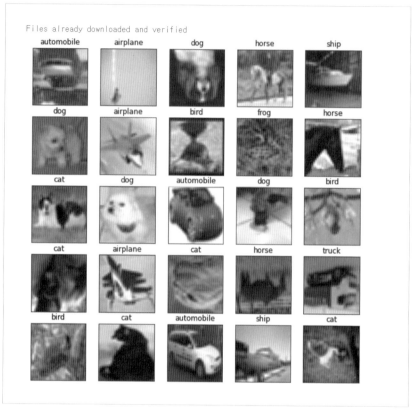

```
Files already downloaded and verified
```

이미지가 무작위로 상하좌우로 반전된 상태를 확인할 수 있습니다.

5.3.5 데이터 확장: 일부를 소거

데이터를 확장하기 위해 이미지의 일부를 소거합니다. transforms.RandomErasing( ) 클래스를 사용합니다. CIFAR-10의 이미지 일부를 0.5의 확률(p=0.5)로 무작위로 소거합니다.

transforms.RandomErasing( ) 클래스는 Tensor에만 적용할 수 있으므로 transforms.ToTensor( ) 클래스 뒤에 기술합니다.

▼ 데이터 확장: 일부를 소거

```python
transform = transforms.Compose([transforms.ToTensor(),
                    transforms.RandomErasing(p=0.5)]) # 일부를 소거
cifar10_data = CIFAR10(root="./data",
                train=False,download=True,
                transform=transform)

cifar10_loader = DataLoader(cifar10_data, batch_size=n_image,
shuffle=True)
dataiter = iter(cifar10_loader)
images, labels = next(test_loader)

plt.figure(figsize=(10,10)) # 이미지의 표시 크기
for i in range(n_image):
    ax = plt.subplot(5,5,i+1)
    ax.imshow(images[i].permute(1, 2, 0))
    label = cifar10_classes[labels[i]]
    ax.set_title(label)
    ax.get_xaxis().set_visible(False)
    ax.get_yaxis().set_visible(False)

plt.show()
```

Out

```
Files already downloaded and verified
```

이미지의 일부가 무작위로 소거된 상태를 확인할 수 있습니다.

이 밖에도 torchvision은 다양한 데이터 확장을 위한 변형이 있습니다. 관심 있는 분은 공식 문서를 읽어 보세요.

- Transforming and augmenting images
  URL https://pytorch.org/vision/stable/transforms.html

5.4 드롭아웃

드롭아웃(Dropout)은 출력층 이외의 뉴런을 일정 확률로 무작위로 소거하는 테크닉입니다. 쉽게 도입할 수 있으면서도 모델의 범화 성능 향상에 큰 효과가 있습니다.

5.4.1 드롭아웃의 구현

다음 그림은 드롭아웃의 이미지입니다. 신경망의 뉴런이 배치마다 무작위로 소거됩니다.

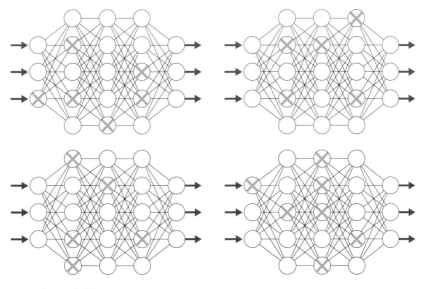

▲ 드롭아웃의 이미지

실질적으로 배치마다 다른 신경망이 사용되는 것처럼 동작하게 됩니다.

드롭아웃으로 소거되는 뉴런은 배치마다 바뀝니다. 층의 뉴런이 소거되지 않고 남을 확률을 p라고 한 경우, 중간층에는 p=0.5, 입력층에는 p=0.8~0.9 등의 값이 이용되는 경우가 많습니다. 훈련한 모델을 사용해서 예측을 실시할 때는 이 p의 값을 층의 출력에 곱하여 학습할 때 뉴런이 줄어든 영향의 이치를 맞춥니다.

다음은 PyTorch에서의 드롭아웃 구현의 예입니다.

```
import torch.nn as nn

class Net(nn.Module):
  def __init__(self):
    super().__init__()
    ...
    self.dropout = nn.Dropout(p=0.5)  # 드롭아웃: (p=드롭아웃률)
    ...

  def forward(self, x):
    ...
    x = self.dropout(x)
    ...
    return x
```

p=0.5로 드롭아웃률을 지정하고 있습니다.

이처럼 드롭아웃은 층으로서 취급하여 구현할 수 있습니다. 다른 층과 동일하게 취급할 수 있으므로 코드의 가독성이 좋아집니다.

드롭아웃은 구현이 비교적 쉬우면서 범화 성능 향상에 큰 효과가 있습니다. 그 이유 중 하나는 드롭아웃을 도입한 기계학습은 형상이 다른 작은 네트워크의 조합을 이용한 학습이기 때문입니다.

여러 개의 모델 조합에 의해 성능이 향상하는 효과는 기계학습의 분야에서 앙상블 효과로 알려져 있습니다. 이 효과를 드롭아웃은 작은 도입, 계산 비용으로 얻을 수 있으므로 많은 모델에 도입되고 있습니다.

5.5 CNN 구현

PyTorch를 사용하여 합성곱 신경망(CNN)을 구현합니다. CNN 자체는 합성곱층과 풀링층을 추가하는 것만으로 구현할 수 있지만 이번은 데이터 확장과 드롭아웃의 구현도 실시합니다.

학습에 시간이 걸리므로 편집 → 노트북 설정의 하드웨어 가속기에서 GPU를 선택합시다.

5.5.1 DataLoader의 설정

데이터를 확장하기 위해 회전과 크기 조절 및 좌우 반전을 실시합니다. 또한, 효율적인 학습이 되도록 입력의 평균값을 0, 표준 편차를 1로 합니다(표준화).

DataLoader는 훈련 데이터, 테스트 데이터 각각에서 설정합니다.

▼ DataLoader의 설정

In

```
from torchvision.datasets import CIFAR10
import torchvision.transforms as transforms
from torch.utils.data import DataLoader


cifar10_classes = ["airplane", "automobile", "bird", "cat", "deer",
            "dog", "frog", "horse", "ship", "truck"]


affine = transforms.RandomAffine((-30, 30), scale=(0.8, 1.2))  # 회전
과 크기 조절
flip = transforms.RandomHorizontalFlip(p=0.5)  # 좌우 반전
```

```
normalize = transforms.Normalize((0.0, 0.0, 0.0), (1.0, 1.0, 1.0))
                                   # 평균값을 0, 표준편차를 1로
to_tensor = transforms.ToTensor()

transform_train = transforms.Compose([affine, flip, to_tensor, normalize])
transform_test = transforms.Compose([to_tensor, normalize])
cifar10_train = CIFAR10("./data", train=True, download=True,
transform=transform_train)
cifar10_test = CIFAR10("./data", train=False, download=True,
transform=transform_test)

# DataLoader의 설정
batch_size = 64
train_loader = DataLoader(cifar10_train, batch_size=batch_size, shuffle=True)
test_loader = DataLoader(cifar10_test, batch_size=batch_size, shuffle=False)
```

Out

```
Downloading https://www.cs.toronto.edu/~kriz/cifar-10-python.tar.gz
to ./data/cifar-10-python.tar.gz

Extracting ./data/cifar-10-python.tar.gz to ./data
Files already downloaded and verified
```

5.5.2 CNN 모델의 구축

nn.Module( ) 클래스를 상속한 클래스로서 CNN 모델을 구축합니다. 합성곱
층의 뒤에는 활성화 함수로서 ReLU를 배치하고 그다음에 풀링층을 놓습니다.
풀링층과 ReLU 층은 학습하는 파라미터가 없으므로 한 번 설정하면 다시 사
용할 수 있습니다. 또한 범화 성능 향상을 위해서 드롭아웃을 도입합니다.

▼ CNN 모델의 구축

In

```python
import torch.nn as nn

class Net(nn.Module):
    def __init__(self):
        super().__init__()
        self.conv1 = nn.Conv2d(3, 8, 5) # 합성곱층(입력 채널 수, 필터 수,
필터 크기)
        self.relu = nn.ReLU() # ReLU
        self.pool = nn.MaxPool2d(2, 2) # 풀링층(영역의 크기, 영역의 간격)
        self.conv2 = nn.Conv2d(8, 16, 5)
        self.fc1 = nn.Linear(16*5*5, 256) # 전결합층
        self.dropout = nn.Dropout(p=0.5) # 드롭아웃(p=드롭아웃률)
        self.fc2 = nn.Linear(256, 10)

    def forward(self, x):
        x = self.relu(self.conv1(x))
        x = self.pool(x)
        x = self.relu(self.conv2(x))
        x = self.pool(x)
        x = x.view(-1, 16*5*5)
        x = self.relu(self.fc1(x))
        x = self.dropout(x)
        x = self.fc2(x)
        return x

net = Net()
net.cuda() # GPU 대응
print(net)
```

```
Net(
  (conv1): Conv2d(3, 8, kernel_size=(5, 5), stride=(1, 1))
  (relu): ReLU()
  (pool): MaxPool2d(kernel_size=2, stride=2, padding=0, dilation=1,
ceil_mode=False)
  (conv2): Conv2d(8, 16, kernel_size=(5, 5), stride=(1, 1))
  (fc1): Linear(in_features=400, out_features=256, bias=True)
  (dropout): Dropout(p=0.5, inplace=False)
  (fc2): Linear(in_features=256, out_features=10, bias=True)
)
```

위 모델의 각 층에서 이미지 크기(채널 수, 이미지의 높이, 이미지의 폭)는 다음 과 같이 변화합니다.

```
입력 이미지: (3 32, 32)
↓
nn.Conv2d(3, 6, 5): (6, 28, 28)
↓
nn.MaxPool2d(2, 2): (6, 14, 14)
↓
nn.Conv2d(6, 16, 5): (16, 10, 10)
↓
nn.MaxPool2d(2, 2): (16, 5, 5)
```

다음 부분의 16*5*5는 위의 결과로 얻은 입력의 수입니다.

```
self.fc1 = nn.Linear(16*5*5, 256) # 전결합층
```

5.2절 합성곱과 풀링에서 설명한 대로 필터 수는 다음 층의 입력 채널 수가 됩 니다.

이미지의 높이, 폭의 변화는 5.2절 합성곱과 풀링에서 설명한 다음의 식을 사용해서 계산했습니다.

$$O_h = \frac{I_h - F_h + 2D}{S} + 1$$

$$O_w = \frac{I_w - F_w + 2D}{S} + 1$$

O_h, O_w: 출력 이미지의 높이, 폭

I_h, I_w : 입력 이미지의 높이, 폭

F_h, F_w : 필터의 높이, 폭

D　　　: 패딩의 폭

S　　　: 스트라이드의 폭

앞 모델의 합성곱층에서는 패딩은 0, 스트라이드는 1이 됩니다.

5.5.3 학습

CNN 모델을 훈련합니다. DataLoader를 사용하여 미니 배치를 꺼내서 훈련 및 평가를 실시합니다.

▼ CNN 모델의 훈련

In

```
from torch import optim

# 교차 엔트로피 오차 함수
loss_fnc = nn.CrossEntropyLoss()

# 최적화 알고리즘
optimizer = optim.Adam(net.parameters())

# 손실 로그
```

```python
record_loss_train = []
record_loss_test = []

# 학습
for i in range(20):  # 20 에포크 학습
    net.train()  # 훈련 모드
    loss_train = 0
    for j, (x, t) in enumerate(train_loader):  # 미니 배치(x, t)를 꺼낸다
        x, t = x.cuda(), t.cuda()  # GPU 대응
        y = net(x)
        loss = loss_fnc(y, t)
        loss_train += loss.item()
        optimizer.zero_grad()
        loss.backward()
        optimizer.step()
    loss_train /= j+1
    record_loss_train.append(loss_train)

    net.eval()  # 평가 모드
    loss_test = 0
    for j, (x, t) in enumerate(test_loader):  # 미니 배치(x, t)를 꺼낸다
        x, t = x.cuda(), t.cuda()
        y = net(x)
        loss = loss_fnc(y, t)
        loss_test += loss.item()
    loss_test /= j+1
    record_loss_test.append(loss_test)

    if i%1 == 0:
        print("Epoch:", i, "Loss_Train:", loss_train, "Loss_Test:", loss_test)
```

```
Epoch: 0 Loss_Train: 1.8727812145067297 Loss_Test: 1.6425115804004062

Epoch: 1 Loss_Train: 1.6559345272495924 Loss_Test: 1.5250937809610063

Epoch: 2 Loss_Train: 1.5641184290656653 Loss_Test: 1.4290110434696173

Epoch: 3 Loss_Train: 1.5059128682631666 Loss_Test: 1.3482092239294843

Epoch: 4 Loss_Train: 1.4641750625637182 Loss_Test: 1.3239238869612384

Epoch: 5 Loss_Train: 1.4428112712662544 Loss_Test: 1.3183175108994647

Epoch: 6 Loss_Train: 1.412876285098093 Loss_Test: 1.2733000866167106

Epoch: 7 Loss_Train: 1.397820242682991 Loss_Test: 1.2535837182573453

Epoch: 8 Loss_Train: 1.3798621162734068 Loss_Test: 1.2247539287919451

Epoch: 9 Loss_Train: 1.362268183694776 Loss_Test: 1.196683996801923

Epoch: 10 Loss_Train: 1.3537073216169997 Loss_Test: 1.2055184917085489

Epoch: 11 Loss_Train: 1.340388147346199 Loss_Test: 1.1964750999857665

Epoch: 12 Loss_Train: 1.332755393003259 Loss_Test: 1.1627441929404143

Epoch: 13 Loss_Train: 1.324310631322129 Loss_Test: 1.185613773051341

Epoch: 14 Loss_Train: 1.3188887510610663 Loss_Test: 1.1690061380908747

Epoch: 15 Loss_Train: 1.3110245136958558 Loss_Test: 1.1830146103907542

Epoch: 16 Loss_Train: 1.3066458593091697 Loss_Test: 1.1422839164733887

Epoch: 17 Loss_Train: 1.3072126453642345 Loss_Test: 1.146460848629095

Epoch: 18 Loss_Train: 1.2979533460439014 Loss_Test: 1.1738584364295765

Epoch: 19 Loss_Train: 1.2907348999281978 Loss_Test: 1.1379891307490646
```

5.5.4 오차 추이

훈련 데이터와 테스트 데이터, 각각의 오차 추이를 그래프로 표시합니다.

▼ 오차 추이

In

```
import matplotlib.pyplot as plt

plt.plot(range(len(record_loss_train)), record_loss_train,
```

```
                          label="Train")
plt.plot(range(len(record_loss_test)), record_loss_test,
                          label="Test")
plt.legend()

plt.xlabel("Epochs")
plt.ylabel("Error")
plt.show()
```

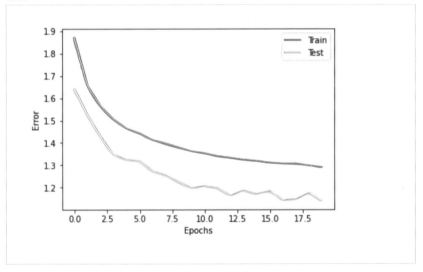

훈련 데이터, 테스트 데이터, 각각의 오차는 모두 매끄럽게 감소하고 있습니다. 시간은 걸리지만 에포크 수를 늘리면 오차는 더욱 낮아질 것 같습니다.

5.5.5 정답률

모델의 성능을 파악하기 위해 테스트 데이터를 사용하여 정답률을 측정합니다.

▼ 정답률의 계산

In

```
correct = 0
total = 0
net.eval() # 평가 모드
for i, (x, t) in enumerate(test_loader):
    x, t = x.cuda(), t.cuda() # GPU 대응
    y = net(x)
    correct += (y.argmax(1) == t).sum().item()
    total += len(x)
print("정답률:", str(correct/total*100) + "%")
```

Out

```
정답률: 59.67%
```

60% 정도의 정답률이 되었습니다. 하이퍼 파라미터 및 데이터 전처리는 아직 개선할 수 있을 것 같습니다.

5.5.6 훈련한 모델을 사용한 예측

훈련한 모델을 사용해 봅시다. 이미지를 입력하고, 모델이 잘 동작하는지 확인합니다.

▼ 훈련한 모델을 사용한 예측

In

```
cifar10_loader = DataLoader(cifar10_test, batch_size=1, shuffle=True)
dataiter = iter(cifar10_loader)
images, labels = next(dataiter) # 샘플을 1개만 꺼낸다

plt.imshow(images[0].permute(1, 2, 0)) # 채널을 가장 뒤로
```

```
plt.tick_params(labelbottom=False, labelleft=False, bottom=False,
left=False) # 라벨과 메모리를 표시하지 않는다
plt.show()

net.eval() # 평가 모드
x, t = images.cuda(), labels.cuda() # GPU 대응
y = net(x)
print("정답:", cifar10_classes[labels[0]],
    "예측 결과:", cifar10_classes[y.argmax().item()])
```

Out

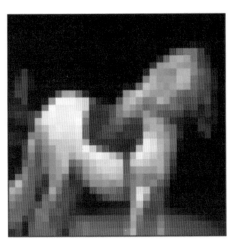

정답: horse 예측 결과: horse

앞의 코드에서는 이미지 안의 물체를 올바르게 분류하고 있습니다. 다만 60%
정도의 정답률이라서 어긋나는 것도 많습니다.

CNN 모델을 구축하고 데이터 확장을 행한 이미지 데이터셋을 사용하여 훈련
함으로써 이미지를 분류하는 모델을 만들 수 있었습니다.

5.6 연습

Chapter5의 연습은 CNN 구현의 연습입니다. 새로운 데이터 확장을 추가하는 코드와 CNN 모델을 구축하는 코드를 작성해 봅시다.

코드가 작성되면 실행하여 문제없이 작동하는지 확인합시다.

5.6.1 DataLoader의 설정

새로운 데이터 확장을 추가하세요. transforms.RandomErasing( ) 클래스에 의해 이미지의 영역이 무작위로 소거됩니다.

다음 코드를 추가하고 데이터 확장의 일환으로서 transforms.Random Erasing( ) 클래스에 의한 무작위 이미지 영역의 소거를 구현합시다.

transforms.RandomErasing( ) 클래스에 대해서는 5.3절 데이터 확장에서 설명했습니다.

▼ DataLoader의 설정

In

```
from torchvision.datasets import CIFAR10
import torchvision.transforms as transforms
from torch.utils.data import DataLoader

cifar10_classes = ["airplane", "automobile", "bird", "cat", "deer",
          "dog", "frog", "horse", "ship", "truck"]
```

```
affine = transforms.RandomAffine((-30, 30), scale=(0.8, 1.2))  # 회전
과 크기 조절
flip = transforms.RandomHorizontalFlip(p=0.5) # 좌우 반전
normalize = transforms.Normalize((0.0, 0.0, 0.0), (1.0, 1.0, 1.0))
                                        # 평균값을 0, 표준편차 1로

to_tensor = transforms.ToTensor()
erase =  # ←여기에 코드를 추가 기입


transform_train = transforms.Compose(  # ←여기에 코드를 추가 기입
transform_test = transforms.Compose([to_tensor, normalize])
cifar10_train = CIFAR10("./data", train=True, download=True,
transform=transform_train)
cifar10_test = CIFAR10("./data", train=False, download=True,
transform=transform_test)

# DataLoader의 설정
batch_size = 64
train_loader = DataLoader(cifar10_train, batch_size=batch_size,
shuffle=True)
test_loader = DataLoader(cifar10_test, batch_size=batch_size,
shuffle=False)
```

5.6.2 CNN 모델의 구축

다음 코드에서 forward( ) 메서드의 내부에 코드를 기술하고, CNN 모델을
구축하세요.

▼ CNN 모델의 구축

In

```
import torch.nn as nn
```

```python
class Net(nn.Module):
    def __init__(self):
        super().__init__()
        self.conv1 = nn.Conv2d(3, 8, 5)  # 합성곱층(입력 채널 수, 필터 수, 필터 크기)
        self.relu = nn.ReLU()  # ReLU
        self.pool = nn.MaxPool2d(2, 2)  # 풀링층(영역의 크기, 영역의 간격)
        self.conv2 = nn.Conv2d(8, 16, 5)
        self.fc1 = nn.Linear(16*5*5, 256)  # 전결합층
        self.dropout = nn.Dropout(p=0.5)  # 드롭아웃(p=드롭아웃률)
        self.fc2 = nn.Linear(256, 10)

    def forward(self, x):
        # ------- 이하에 코드를 작성한다 -------



        # ------- 여기까지 -------
        return x

net = Net()
net.cuda()  # GPU 대응
print(net)
```

5.6.3 학습

학습을 시킵니다.

▼ CNN 모델의 훈련

In

```python
from torch import optim

# 교차 엔트로피 오차 함수
loss_fnc = nn.CrossEntropyLoss()

# 최적화 알고리즘
optimizer = optim.Adam(net.parameters())

# 손실 로그
record_loss_train = []
record_loss_test = []

# 학습
for i in range(20):  # 20 에포크 학습
    net.train()  # 훈련 모드
    loss_train = 0
    for j, (x, t) in enumerate(train_loader):  # 미니 배치 (x, t)를 꺼낸다
        x, t = x.cuda(), t.cuda()  # GPU 대응
        y = net(x)
        loss = loss_fnc(y, t)
        loss_train += loss.item()
        optimizer.zero_grad()
        loss.backward()
        optimizer.step()
    loss_train /= j+1
```

```python
        record_loss_train.append(loss_train)

        net.eval()  # 평가 모드
        loss_test = 0
        for j, (x, t) in enumerate(test_loader):  # 미니 배치(x, t)를 꺼낸다
            x, t = x.cuda(), t.cuda()
            y = net(x)
            loss = loss_fnc(y, t)
            loss_test += loss.item()
        loss_test /= j+1
        record_loss_test.append(loss_test)

        if i%1 == 0:
            print("Epoch:", i, "Loss_Train:", loss_train, "Loss_Test:", loss_test)
```

5.6.4 오차 추이

오차 추이를 확인합니다.

▼ 오차 추이

In

```python
import matplotlib.pyplot as plt

plt.plot(range(len(record_loss_train)), record_loss_train,
label="Train")
plt.plot(range(len(record_loss_test)), record_loss_test,
label="Test")
plt.legend()

plt.xlabel("Epochs")
```

```
plt.ylabel("Error")
plt.show()
```

5.6.5 정답률

정답률을 계산합니다.

▼ 정답률의 계산

In

```
correct = 0
total = 0
net.eval()  # 평가 모드
for i, (x, t) in enumerate(test_loader):
    x, t = x.cuda(), t.cuda()  # GPU 대응
    y = net(x)
    correct += (y.argmax(1) == t).sum().item()
    total += len(x)
print("정답률:", str(correct/total*100) + "%")
```

5.6.6 훈련한 모델을 사용한 예측

훈련한 모델을 사용한 예측을 합니다.

▼ 훈련한 모델을 사용한 예측

In

```
cifar10_loader = DataLoader(cifar10_test, batch_size=1, shuffle=True)
dataiter = iter(cifar10_loader)
images, labels = next(dataiter)  # 샘플을 1개만 꺼낸다

plt.imshow(images[0].permute(1, 2, 0))  # 채널을 가장 뒤로
```

```
plt.tick_params(labelbottom=False, labelleft=False, bottom=False,
left=False) # 라벨과 메모리를 표시하지 않는다
plt.show()

net.eval() # 평가 모드
x, t = images.cuda(), labels.cuda() # GPU 대응
y = net(x)
print("정답:", cifar10_classes[labels[0]],
    "예측 결과:", cifar10_classes[y.argmax().item()])
```

5.6.7 정답 예

데이터 전처리 설정의 정답 예입니다.

▼ 정답 예: DataLoader의 설정

In

```
from torchvision.datasets import CIFAR10
import torchvision.transforms as transforms
from torch.utils.data import DataLoader

cifar10_classes = ["airplane", "automobile", "bird", "cat", "deer",
            "dog", "frog", "horse", "ship", "truck"]

affine = transforms.RandomAffine((-30, 30), scale=(0.8, 1.2)) # 회전
과 크기 조절
flip = transforms.RandomHorizontalFlip(p=0.5) # 좌우 반전
normalize = transforms.Normalize((0.0, 0.0, 0.0), (1.0, 1.0, 1.0))
                                    # 평균값을 0, 표준편차에 1로
to_tensor = transforms.ToTensor()
erase = transforms.RandomErasing(p=0.5) # ←여기에 코드를 추가 기술
```

```
transform_train = transforms.Compose([affine, flip, to_tensor,
normalize, erase]) # ←여기에 코드를 추가 기술
transform_test = transforms.Compose([to_tensor, normalize])
cifar10_train = CIFAR10("./data", train=True, download=True,
transform=transform_train)
cifar10_test = CIFAR10("./data", train=False, download=True,
transform=transform_test)

# DataLoader의 설정
batch_size = 64
train_loader = DataLoader(cifar10_train, batch_size=batch_size,
shuffle=True)
test_loader = DataLoader(cifar10_test, batch_size=batch_size,
shuffle=False)
```

모델 구축의 정답 예입니다.

▼ 정답 예: CNN 모델의 구축
In

```
import torch.nn as nn

class Net(nn.Module):
    def __init__(self):
        super().__init__()
        self.conv1 = nn.Conv2d(3, 8, 5) # 합성곱층(입력 채널 수, 필터 수,
필터 크기)
        self.relu = nn.ReLU() # ReLU
        self.pool = nn.MaxPool2d(2, 2) # 풀링층(영역의 크기, 영역의 간격)
        self.conv2 = nn.Conv2d(8, 16, 5)
        self.fc1 = nn.Linear(16*5*5, 256) # 전결합층
```

```python
        self.dropout = nn.Dropout(p=0.5)  # 드롭아웃(p=드롭아웃률)
        self.fc2 = nn.Linear(256, 10)

    def forward(self, x):
        # ------- 이하에 코드를 적는다 -------
        x = self.relu(self.conv1(x))
        x = self.pool(x)
        x = self.relu(self.conv2(x))
        x = self.pool(x)
        x = x.view(-1, 16*5*5)
        x = self.relu(self.fc1(x))
        x = self.dropout(x)
        x = self.fc2(x)
        # ------- 여기까지 -------
        return x

net = Net()
net.cuda()  # GPU 대응
print(net)
```

5.7 정리

Chapter5에서 배운 것을 정리합니다.

이번 장에서는 PyTorch으로 CNN을 구현하는 방법을 설명했습니다. CNN에 필요한 합성곱층 및 풀링층은 PyTorch의 nn 모듈을 사용하면 간단하게 모델에 도입할 수 있습니다. 그리고 데이터 확장 및 드롭아웃 도입에 의해 범화 성능을 개선할 수 있습니다.

CNN을 이용한 이미지 인식은 응용 범위가 넓고 다른 기술의 기본이 되므로 꼭 스스로 구현할 수 있도록 연습해 봅시다.

RNN(순환 신경망)

이번 장에서는 RNN(순환 신경망)의 개요 및 PyTorch를 사용한 구현에 대해 설명합니다.

RNN은 시간 방향으로 중간층이 연결된 신경망이므로 시계열 데이터를 학습하고 예측하는 것을 잘합니다.

이번 장에는 다음 내용을 다룹니다.

· RNN의 개요
· 간단한 RNN의 구현
· LSTM의 개요
· GRU의 개요
· RNN을 이용한 이미지 생성
· 연습

먼저 RNN의 개요를 설명합니다. 그런 다음에 간단한 RNN을 구축하고, 시계열 데이터의 학습과 예측을 실시합니다. 또한, RNN의 발전형인 LSTM과 GRU의 개요를 배웁니다.

또한, 지금까지 배워온 RNN의 기술을 사용하여 간단한 이미지 생성을 실시합니다. 이미지를 시계열 데이터로 파악하여 RNN에 학습시키는데, 이로 인해 연속 이미지를 예측해 생성할 수 있게 됩니다.

그리고 마지막으로 연습을 합니다. RNN을 PyTorch로 구현할 수 있게 됩시다.

현실 세계에는 시계열 데이터가 넘쳐나므로 RNN은 다양한 분야에서 활약하고 있습니다. 구조를 배우고 코드로 구현함으로써 그 가능성을 느꼈으면 합니다.

6.1 RNN의 개요

RNN(Recurrent Neural Network, 순환 신경망)의 개요를 설명합니다.

RNN은 시간 변화하는 데이터, 즉 시계열 데이터를 입력할 수 있으므로 음성 및 문장, 동영상 등을 다루는데 적합합니다.

6.1.1 RNN

RNN은 다음 그림과 같이 중간층이 루프하는 구조를 가집니다. 중간층이 이전 시각의 중간층과 접속되어 있으며 이로써 시계열 데이터를 다룰 수 있게 됩니다.

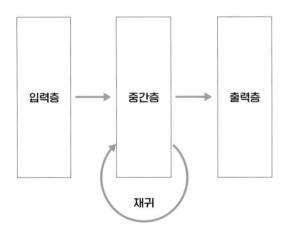

▲ RNN의 개념

다음은 RNN에서 다루는 시계열 데이터의 예입니다.

- 문서
- 음성 데이터
- 음악
- 주가
- 산업 기기의 상태

RNN에서는 이러한 데이터를 입력 및 정답으로서 사용합니다.

다음 그림은 RNN을 시간에 따라 전개한 것입니다.

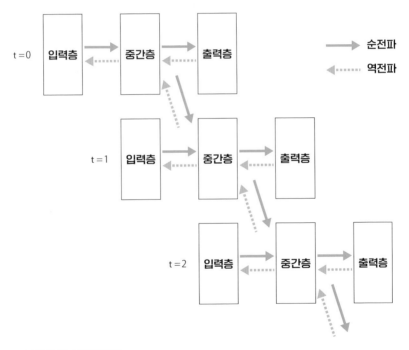

▲ RNN을 각 시각에 전개

시간 방향으로 중간층이 모두 연결되어 있으며, 어떻게 보면 깊은 층의 신경망으로 되어 있는 것을 알 수 있습니다.

앞 그림의 실선은 순전파를 나타냅니다. 순전파에서는 시간 방향으로 입력을 전파합니다. 또한, 점선은 역전파를 나타냅니다. RNN의 역전파는 시계열을 거슬러 올라가듯이 오차를 전파합니다. 그리고 통상적인 신경망과 마찬가지로 경사가 계산되어서 가중치 및 바이어스 등의 파라미터가 갱신됩니다. 또 파라미터는 각 시각마다 있는 것이 아니라 모든 시각에 공통입니다.

RNN의 출력층은 모든 시각에 배치하는 경우와 최종 시각에만 배치하는 경우가 있습니다.

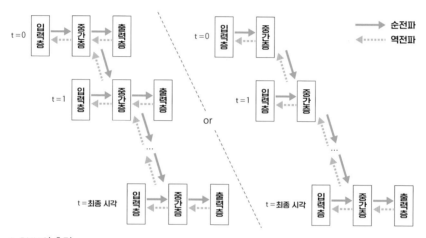

▲ RNN의 출력

RNN은 어떻게 보면 시간 방향으로 깊은 네트워크 구조를 하고 있는데, 몇 번이나 오차를 전파시키면 경사 폭발이라는 경사가 발산하는 문제 및 경사 소실이라는 경사가 없어지는 문제가 자주 발생합니다. RNN의 경우 이전 시각에서 이어받은 데이터에 반복하여 같은 가중치를 곱하므로 이 문제는 통상의 신경망과 비교하여 더욱 현저해집니다.

이러한 문제에 대해서는 경사의 상한 설정이나 6.3절 LSTM 개요에서 설명하는 기억 셀을 도입하는 등의 방법으로 대처합니다.

6.1.2 간단한 RNN 층의 구현

다음은 PyTorch에서의 간단한 RNN 층의 구현 예입니다.

```python
import torch.nn as nn

class Net(nn.Module):
  def __init__(self):
    super().__init__()
    ...
    self.rnn = nn.RNN(  # RNN층
      input_size=1,   # 입력 수
      hidden_size=64,  # 뉴런 수
      batch_first=True,   # 입력의 형태를(배치 크기, 시각 수, 입력 수)
로 한다
    )
    ...

  def forward(self, x):
    ...
    # y_rnn: 모든 시각의 출력   h: 중간층의 최종 시각의 값
    y_rnn, h = self.rnn(x, None)
    ...
    return y
```

간단한 RNN층 nn.RNN( ) 클래스에는 입력 수, 뉴런 수, 입력의 형태 등을 전
달합니다.

다음의 부분에서는 시계열의 입력 x를 RNN 층에 전달하고 있습니다.

```
# y_rnn: 모든 시각의 출력  h: 중간층의 최종 시각의 값
y_rnn, h = self.rnn(x, None)
```

x는 3차원의 Tensor로 (배치 크기, 시각 수, 입력 수)의 형태입니다.

x 뒤에 None이라고 기술하고 있는데, 이에 따라 최초 시각에 받는 시간 방향
의 입력값이 0으로 설정됩니다.

6.2 간단한 RNN의 구현

PyTorch를 사용하여 간단한 RNN을 구현합니다.

RNN 모델에 노이즈가 있는 사인 곡선을 시계열로서 학습시킵니다. 그리고 학습한 모델을 사용해서 하나 앞의 미래를 예측하도록 곡선을 그립니다. 이에 따라 시계열 데이터의 예측할 수 있는지 확인합니다.

6.2.1 훈련용 데이터의 작성

사인 곡선에 난수로 노이즈를 더하여 훈련용 시계열 데이터를 작성합니다.

▼ 노이즈가 있는 사인 곡선

In

```
import torch
import math
import matplotlib.pyplot as plt

sin_x = torch.linspace(-2*math.pi, 2*math.pi, 100)  # -2π부터 2π까지
sin_y = torch.sin(sin_x)  + 0.1*torch.randn(len(sin_x))  # sin 함수에
난수로 노이즈를 더한다
plt.plot(sin_x, sin_y)
plt.show()
```

Out

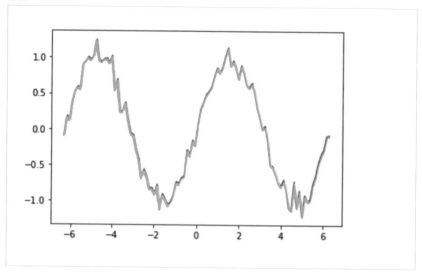

그래프의 가로축이 시간에 해당합니다. 2개의 산과 골이 있는 사인 곡선에 노이즈가 부가된 시계열 데이터입니다.

이러한 노이즈가 있는 사인 곡선의 일부를 잘라내어 RNN의 입력으로 하고, 다음의 시각 값을 정답으로서 모델을 훈련합니다.

사인 곡선 자체는 단순한 시계열 데이터인데, 이러한 파동을 RNN으로 학습할 수 있으면 예를 들어 음성 인식에 응용할 수도 있습니다. 이번에 다루는 대상은 단순하지만 실무에서 널리 응용할 수 있습니다.

6.2.2 데이터의 전처리

사인 곡선의 데이터를 RNN의 입력, 정답에 적합한 형태로 조정합니다.

이번에는 최후 시각의 출력을 사용하여 예측하므로 입력만 시계열로 합니다. 정답은 시계열로 하지 않습니다. 시계열 입력에서 다음 시각 값을 예측할 수 있도록 모델을 훈련합니다. 이번은 사인 곡선의 시계열 값을 입력으로서 정답은 그 하나 뒤의 값으로 합니다.

▼ 데이터의 전처리

In

```
from torch.utils.data import TensorDataset, DataLoader


n_time = 10 # 시각 수
n_sample = len(sin_x)-n_time # 샘플 수


input_data = torch.zeros((n_sample, n_time, 1)) # 입력
correct_data = torch.zeros((n_sample, 1)) # 정답
for i in range(n_sample):
    input_data[i] = sin_y[i:i+n_time].view(-1, 1) # (시각 수, 입력 수)
    correct_data[i] = sin_y[i+n_time:i+n_time+1] # 정답은 입력보다도 1
개 뒤


dataset = TensorDataset(input_data, correct_data) # 데이터셋의 작성
train_loader = DataLoader(dataset, batch_size=8, shuffle=True)
                                                # DataLoader의 설정
```

입력 데이터의 형태는 (샘플 수, 시각 수, 각 시각의 입력 수)인데, 이 경우 각 시각의 입력 수는 1이 됩니다.

또한, 정답 데이터의 형태는 (샘플 수, 정답 수)인데, 이 경우 정답 수는 1이 됩니다.

6.2.3 모델 구축

nn.Module( ) 클래스를 상속받은 클래스로서 RNN 모델을 구축합니다.

RNN 층은 nn.RNN( ) 클래스를 사용함으로써 간단하게 구현할 수 있습니다.

이 층으로의 입력은 시계열 데이터로 해야 합니다.

이번에는 최후 시각의 출력만 이용하므로 forward( ) 메서드는 최후 시각의
출력만 반환하도록 합니다.

▼ RNN 모델의 구축

In

```python
import torch.nn as nn

class Net(nn.Module):
  def __init__(self):
    super().__init__()
    self.rnn = nn.RNN(  # RNN 층
      input_size=1,  # 입력 수
      hidden_size=64,  # 뉴런 수
      batch_first=True,  # 입력의 형태를 (배치 크기, 시각 수, 입력 수)
로 한다
      )
    self.fc = nn.Linear(64, 1)  # 전결합층

  def forward(self, x):
    # y_rnn: 모든 시각의 출력 h: 중간층의 최후 시각의 값
    y_rnn, h = self.rnn(x, None)
    y = self.fc(y_rnn[:, -1, :])  # -1로 최후 시각만 취득하여 전결합에
전달한다
    return y

net = Net()
print(net)
```

Out

```
Net(
  (rnn): RNN(1, 64, batch_first=True)
  (fc): Linear(in_features=64, out_features=1, bias=True)
)
```

6.2.4 학습

RNN 모델을 훈련합니다. DataLoader를 사용하여 미니 배치를 꺼내서 훈련을 실시합니다.

훈련된 모델을 사용하여 가장 최근의 시계열을 사용한 예측 결과를 차례로 시계열에 추가해 나가면서 곡선이 생성됩니다. RNN으로 미래를 예측하는 셈입니다. 곡선은 일정 에포크 간격으로 그래프로 그려집니다.

▼ RNN 모델의 훈련

In

```
from torch import optim

# 평균 제곱 오차
loss_fnc = nn.MSELoss()

# 최적화 알고리즘
optimizer = optim.SGD(net.parameters(), lr=0.01)  # 학습률은 0.01

# 손실 로그
record_loss_train = []

# 학습
epochs = 100  # 에포크 수
```

```python
for i in range(epochs):
    net.train()  # 훈련 모드
    loss_train = 0
    for j, (x, t) in enumerate(train_loader):  # 미니 배치 (x, t)를 꺼낸다
        y = net(x)
        loss = loss_fnc(y, t)
        loss_train += loss.item()
        optimizer.zero_grad()
        loss.backward()
        optimizer.step()
    loss_train /= j+1
    record_loss_train.append(loss_train)

    # 경과 표시
    if i%10==0 or i==epochs-1:
        net.eval()  # 평가 모드
        print("Epoch:", i, "Loss_Train:", loss_train)
        predicted = list(input_data[0].view(-1))  # 처음의 입력
        for i in range(n_sample):
            x = torch.tensor(predicted[-n_time:])  # 가장 최근의 시계열을
꺼낸다
            x = x.view(1, n_time, 1)  # (배치 크기, 시각 수, 입력 수)
            y = net(x)
            predicted.append(y[0].item())  # 예측 결과를 predicted에 추가한다

        plt.plot(range(len(sin_y)), sin_y, label="Correct")
        plt.plot(range(len(predicted)), predicted, label="Predicted")
        plt.legend()
        plt.show()
```

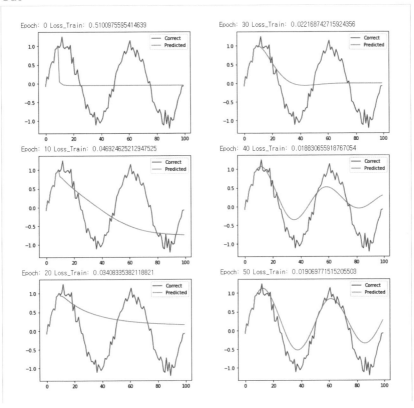

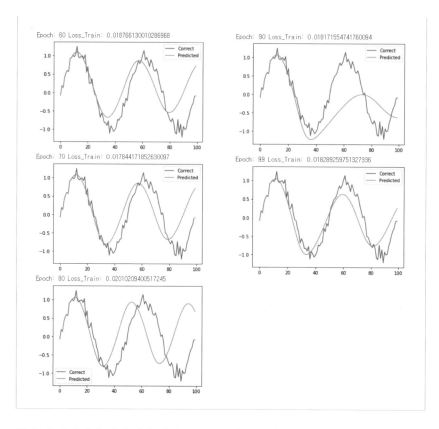

학습이 진행됨과 동시에 훈련한 RNN 모델은 점차 사인 곡선과 비슷한 곡선을 생성하게 됩니다. 훈련 데이터에는 노이즈가 있었으나, 모델은 데이터의 본질적인 특징을 파악하고 있는 듯합니다.

6.2.5 오차 추이

훈련 데이터의 추이를 그래프로 표시합니다. 이번은 테스트 데이터를 사용하지 않습니다.

▼ 오차 추이

In

```
plt.plot(range(len(record_loss_train)), record_loss_train,
label="Train")
plt.legend()

plt.xlabel("Epochs")
plt.ylabel("Error")
plt.show()
```

Out

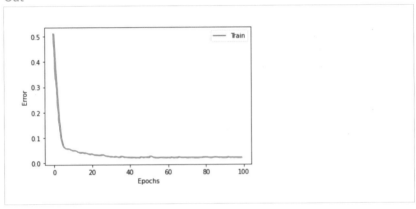

매끄럽게 오차가 감소한 모습을 확인할 수 있습니다.

이번 예는 간단하지만, RNN을 잘 사용하면 일종의 미래 예측에 이용할 수 있습니다. 문장 및 악곡의 생성, 주가 예측 등 다양한 분야에 활용할 수 있는 범용성 높은 기술입니다.

6.3 LSTM의 개요

RNN의 일종인 LSTM(Long Short-Term Memory)은 간단한 RNN으로 는 장기간에 걸쳐 기억을 유지하기 어렵다는 문제를 어느 정도 극복합니다. LSTM은 장기 기억도 단기 기억도 함께 유지할 수 있습니다.

6.3.1 LSTM

LSTM은 Long Short-Term Memory라는 이름에서 나타내듯이 LSTM은 장기 기억도 단기 기억도 함께 유지할 수 있습니다. 통상의 RNN은 장기 기억 유지를 잘 못하는데 LSTM은 이 장기 기억을 잘합니다.

다음 그림은 LSTM과 통상 RNN의 비교입니다.

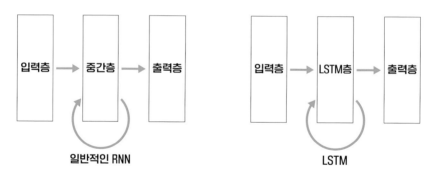

▲ LSTM과 통상의 RNN 비교

LSTM은 통상의 RNN과 마찬가지로 중간층이 루프하는 재귀 구조를 갖고 있 지만, RNN의 중간층 대신 LSTM층이라는 회로와 같은 구조를 가진 층을 사용합니다. LSTM은 내부에 게이트라는 구조를 도입함으로써 과거의 정보를 기억할 것인가 기억하지 않을 것인가를 판단하면서 필요한 정보만을 다음 시각에 물려줄 수 있습니다.

6.3.2 LSTM층의 내부 요소

LSTM층은 통상의 RNN에 비해 복잡한 내부 구조를 갖고 있습니다. LSTM층의 내부에는 다음의 구조가 있습니다.

- 출력 게이트(Output gate): 기억 셀의 내용을 어느 정도 층의 출력에 반영할지를 조정합니다.
- 망각 게이트(Forget gate): 기억 셀의 내용을 어느 정도 남길지를 조정합니다.
- 입력 게이트(Input gate): 입력 및 1개 이전 시각의 출력을 어느 정도 기억 셀에 반영할지를 조정합니다.
- 기억 셀(Memory cell): 과거의 기억을 보유합니다.

LSTM층의 구조는 조금 복잡하지만 이러한 각 요소의 역할을 하나씩 이해할 수 있으면 어떻게 동작하는 층인지를 이해할 수 있습니다.

위 내용을 근거로 LSTM층의 구조를 다음 그림과 같이 나타냅니다.

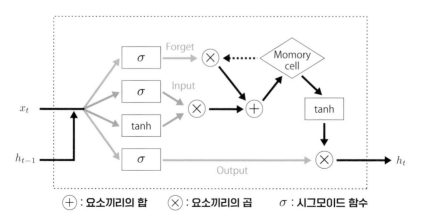

▲ LSTM 층의 구조

앞의 그림에서 실선은 현재 데이터의 흐름을 나타내고, 점선은 1개 이전 시각의 데이터 흐름을 나타냅니다. x_t가 이 시각에서의 층으로의 입력으로, h_t가 이 시각에서의 출력, h_{t-1}은 1개 이전 시각에서의 출력입니다. 원은 요소끼리의 연산인데, +가 들어 있는 것은 요소끼리의 합, ×가 들어 있는 것은 요소끼리의 곱을 나타냅니다. 또한, σ 기호는 시그모이드 함수를 나타냅니다.

마름모가 기억 셀이고, Output이 출력 게이트, Forget이 망각 게이트, Input이 입력 게이트입니다. 게이트에서는 시그모이드 함수가 사용되고 있으며, 0에서 1의 범위에서 데이터의 흐름을 조정하는 말하자면 '수문' 역할을 합니다. 그에 반해 기억 셀은 데이터를 모으는 '저수지'에 비유할 수 있습니다. 이것들이 조화롭게 동작해 LSTM층은 장기간에 걸쳐 기억을 이어받을 수 있습니다.

6.3.3 출력 게이트(Output gate)

다음 그림은 LSTM에서 출력 게이트의 흐름을 나타냅니다.

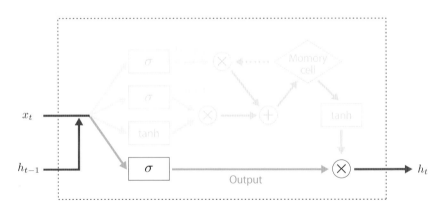

▲ LSTM의 출력 게이트

출력 게이트에서는 입력과 이전 시각의 출력에 각각 가중치를 곱한 다음에 합류시켜 바이어스를 더하고 시그모이드 함수에 넣습니다. 그리고 출력 게이트를 거친 데이터는 기억 셀으로부터 온 데이터와 요소별 곱을 취합니다. 이에 따라 출력 게이트는 기억 셀의 내용을 어느 정도 층의 출력에 반영할지 조정하는 역할을 맡게 됩니다.

6.3.4 망각 게이트(Forget gate)

다음 그림은 망각 게이트의 흐름을 나타냅니다.

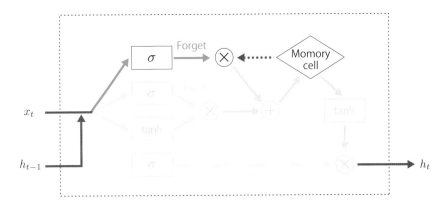

▲ LSTM의 망각 게이트

입력과 이전 시각의 출력에 각각 가중치를 곱한 다음에 합류시켜 바이어스를 더하고 시그모이드 함수에 넣습니다. 망각 게이트를 거친 데이터는 기억 셀에 보유되고 있는 과거의 기억과 곱합니다. 이에 따라 과거의 기억을 어느 정도 남길지 이 게이트에서는 조정하게 됩니다.

6.3.5 입력 게이트(Input gate)

다음 그림은 입력 게이트의 흐름을 나타냅니다.

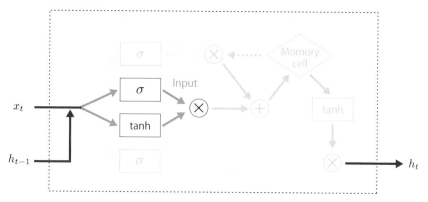

▲ LSTM의 입력 게이트

입력과 이전 시각의 출력에 각각 가중치를 곱한 다음에 합류시켜 바이어스를
더하고 시그모이드 함수 및 tanh에 넣습니다. 시그모이드 함수와 tanh를 거친
데이터는 곱해집니다. 이에 따라 tanh 경로의 새로운 정보를 시그모이드 함수
가 0부터 1의 범위에서 조정하게 됩니다. 새로운 정보를 어느 정도 기억 셀에
넣을지를 입력 게이트에서 조정합니다.

6.3.6 기억 셀(Memory cell)

마지막으로 기억 셀 주변의 기능을 살펴봅시다. 다음 그림은 기억 셀의 흐름을
나타냅니다.

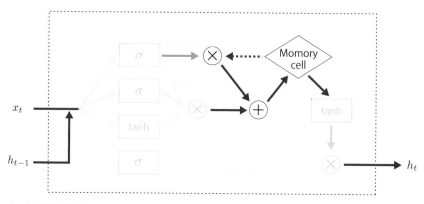

▲ LSTM의 기억 셀

기억 셀의 주위에서는 망각 게이트로부터의 흐름과 입력 게이트로부터의 흐름을 더해서 새로운 기억으로서 기억 셀에 보유합니다. 이에 따라 장기 기억이 망각되거나 새로 추가되거나 하면서 유지되게 됩니다. 기억 셀의 내용은 출력 게이트의 결과와 매번 곱해집니다.

이상의 기억의 보유와 취사선택 구조에 의해 LSTM은 장기, 단기의 기억을 함께 보유할 수 있습니다.

6.3.7 LSTM층의 구현

다음은 PyTorch에서 LSTM층이 구현되는 예입니다.

```python
import torch.nn as nn

class Net(nn.Module):
    def __init__(self):
        super().__init__()
        ...
        self.rnn = nn.LSTM(  # LSTM층
            input_size=n_in,  # 입력 크기
            hidden_size=n_mid,  # 뉴런 수
            batch_first=True,  # 입력을 (배치 크기, 시각 수, 입력 수)로 한다
        )
        ...

    def forward(self, x):
        ...
        # y_rnn: 모든 시각의 출력  h: 중간층의 최종 시각의 값  c: 기억 셀
        y_rnn, (h, c) = self.rnn(x, None)
        ...
        return y
```

LSTM층의 nn.LSTM( ) 클래스에는 입력 수, 뉴런 수, 입력 형태 등을 전달합니다.

다음 부분에서는 시계열의 입력 x를 LSTM층에 전달하고 있습니다.

```
# y_rnn: 모든 시각의 출력  h: 중간층의 최종 시각의 값  c: 기억 셀
y_rnn, (h, c) = self.rnn(x, None)
```

LSTM 등에서는 기억 셀의 설정을 고려해야 합니다.

x의 뒤에 None이라고 기술하였는데 이에 따라 시간 방향의 입력 초깃값 및 기억 셀의 초깃값이 0으로 설정됩니다.

6.4 GRU의 개요

RNN의 일종인 GRU(Gated Recurrent Unit)의 개요를 설명합니다. GRU 는 LSTM과 비슷하지만 구조가 더 단순합니다.

6.4.1 GRU

GRU는 LSTM을 개량한 구조로 LSTM에 비해 전체적으로 단순한 구조를 갖 고 있습니다. 그러므로 파라미터의 수가 적어지고 계산량이 억제됩니다.

GRU에서는 입력 게이트와 망각 게이트가 통합되어 갱신 게이트(Update gate)로 되어 있습니다. 또한, 기억 셀과 출력 게이트는 없지만 값을 0으로 리 셋하는 리셋 게이트(Reset gate)가 존재합니다.

다음 그림은 GRU층의 구조를 나타냅니다.

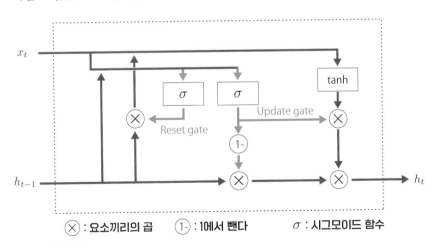

▲ GRU 층의 구조

앞의 그림에서 x_t는 이 시각에서의 층으로의 입력으로, h_t가 이 시각에서의 출력입니다. h_{t-1}은 1개 이전 시각에서의 출력입니다. 원은 요소끼리의 연산인데, ×가 들어 있는 것은 요소끼리의 곱을, 1-가 들어있는 것은 1에서 그 값을 빼는 것을 의미합니다. 또한, σ 기호는 시그모이드 함수를 나타냅니다. Update gate로 표시된 부분이 갱신 게이트이고, Reset gate로 표시된 부분이 리셋 게이트입니다.

기억 셀도 없고, 게이트 수도 적어서 전체적으로 LSTM에 비해 구조가 단순합니다.

리셋 게이트에서는 과거 데이터에 리셋 게이트의 값을 곱함으로써 새로운 데이터와 합류하는 과거 데이터의 크기가 조정됩니다. 이 시각의 새로운 데이터에 과거의 데이터를 일부 얽히게 해서 이 시각의 기억으로 사용합니다.

또한, 갱신 게이트의 주위에서는 과거 데이터에 갱신 게이트의 값을 1에서 뺀 것을 곱하고 있습니다. 이에 따라 과거의 기억을 어느 정도의 비율로 이어받을지가 조정됩니다. 그리고 이 시각의 기억에는 갱신 게이트의 값을 곱합니다. 이 시각의 기억과 과거의 기억을 비율을 조정해 더함으로써 이 층의 출력으로 합니다.

이러한 게이트가 동작해 GRU층은 LSTM과 마찬가지로 장기간에 걸쳐 기억을 이어받을 수 있습니다.

6.4.2 GRU층의 구현

다음은 PyTorch에서의 GRU층의 구현 예입니다.

```
import torch.nn as nn

class Net(nn.Module):
```

```
def __init__(self):
  super().__init__()
  ...
  self.rnn = nn.GRU(       # GRU층
    input_size=n_in,      # 입력 크기
    hidden_size=n_mid,    # 뉴런 수
    batch_first=True,     # 입력을 (배치 크기, 시각 수, 입력 수)로 한다
  )
  ...

def forward(self, x):
  ...
  # y_rnn: 모든 시각의 출력  h: 중간층의 최후 시각의 값
  y_rnn, h = self.rnn(x, None)
  ...
  return y
```

GRU층의 nn.GRU( ) 클래스에는 입력 수, 뉴런 수, 입력의 형태 등을 전달합니다.

다음 부분에서는 시계열의 입력 x를 GRU층에 전달하고 있습니다.

```
# y_rnn: 모든 시각의 출력  h: 중간층의 최후 시각의 값
y_rnn, h = self.rnn(x, None)
```

GRU는 LSTM과 달리 기억 셀을 고려할 필요가 없습니다. x의 뒤에 None이라고 기술하였는데 이에 따라 최초 시각에 받는 시간 방향의 입력값이 0으로 설정됩니다.

이번은 LSTM의 개량형으로서 GRU를 소개했으며 이외에도 다양한 LSTM을 개량한 모델이 지금까지 제안되고 있습니다.

6.5 RNN을 이용한 이미지 생성

이미지를 시계열 데이터로 파악하면 RNN에 의해 이미지를 생성할 수 있습니다. 이번은 이미지 데이터를 사용해 RNN 모델을 훈련합니다. 그리고 이미지의 윗부분부터 이미지의 아랫부분을 생성합니다.

학습에 시간이 걸리므로 편집 → 노트북 설정의 하드웨어 가속기에서 GPU를 선택하세요.

6.5.1 이미지를 시계열 데이터로서 파악한다

이미지는 픽셀이 나열된 행렬이라고 파악할 수 있습니다. 이 행렬에 있어서 어떤 행은 상하 행의 영향을 받으므로 이미지는 시계열 데이터의 일종으로 파악할 수 있습니다.

다음 그림은 이미지의 시계열 데이터로서의 파악법을 나타냅니다.

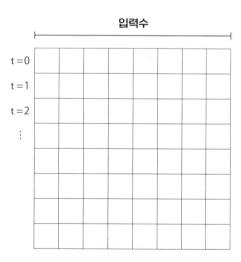

▲ 이미지를 시계열 데이터로서 파악한다

이미지의 각 행은 각 시각의 입력이 되고 열 수는 입력의 개수가 됩니다. 입력을 시계열로 나열한 여러 개의 행으로 하고, 그다음 행을 정답으로 함으로써 RNN 모델을 훈련할 수 있습니다.

그리고 훈련한 모델에 첫 몇 행을 입력함으로써 다음 행이 예측됩니다. 다음에 이 예측된 행을 포함하는 최신의 몇 행을 입력으로 하고 다음 행을 예측합니다. 이것을 반복함으로써 이미지가 1행씩 생성됩니다. 원리적으로는 6.2절 간단한 RNN 구현에서 실시한 RNN에 의한 곡선 생성과 같습니다.

6.5.2 Fashion-MNIST

데이터셋 Fashion-MNIST를 읽어 들입니다. Fashion-MNIST에는 10개 카테고리, 총 70000장의 패션 아이템 이미지가 포함되어 있습니다. 그 중 60000장이 훈련 데이터, 10000장이 테스트 데이터입니다. 이미지는 그레이스케일, 크기는 28×28 픽셀입니다.

이번에는 Fashion-MNIST 이미지의 윗부분부터 아랫부분을 생성합니다.

다음 코드는 Fashion-MNIST를 읽어들여 25장의 이미지를 샘플로서 표시합니다.

▼ Fashion-MNIST의 이미지를 표시

In

```
from torchvision.datasets import FashionMNIST
import torchvision.transforms as transforms
from torch.utils.data import DataLoader
import matplotlib.pyplot as plt

fmnist_data = FashionMNIST(root="./data",
                train=True,download=True,
                transform=transforms.ToTensor())
```

```python
fmnist_classes = ["T-shirt/top", "Trouser", "Pullover", "Dress",
"Coat", "Sandal", "Shirt", "Sneaker", "Bag", "Ankle boot"]
print("데이터의 수:", len(fmnist_data))


n_image = 25  # 표시하는 이미지의 수
fmnist_loader = DataLoader(fmnist_data, batch_size=n_image,
shuffle=True)
dataiter = iter(fmnist_loader)  # 이터레이터
images, labels = next(dataiter)  # 처음의 배치를 꺼낸다


img_size = 28
plt.figure(figsize=(10,10))  # 이미지의 표시 크기
for i in range(n_image):
  ax = plt.subplot(5,5,i+1)
  ax.imshow(images[i].view(img_size, img_size), cmap="Greys_r")
  label = fmnist_classes[labels[i]]
  ax.set_title(label)
  ax.get_xaxis().set_visible(False)  # 축을 표시하지 않음
  ax.get_yaxis().set_visible(False)

plt.show()
```

Out

```
Downloading http://fashion-mnist.s3-website.eu-central-1.amazonaws.
com/train-labels-idx1-ubyte.gz
Downloading http://fashion-mnist.s3-website.eu-central-1.amazonaws.
com/train-labels-idx1-ubyte.gz to ./data/FashionMNIST/raw/train-
labels-idx1-ubyte.gz
Extracting ./data/FashionMNIST/raw/train-labels-idx1-ubyte.gz to ./
data/FashionMNIST/raw


Downloading http://fashion-mnist.s3-website.eu-central-1.amazonaws.
com/t10k-images-idx3-ubyte.gz
Downloading http://fashion-mnist.s3-website.eu-central-1.amazonaws.
com/t10k-images-idx3-ubyte.gz to ./data/FashionMNIST/raw/t10k-
images-idx3-ubyte.gz
Extracting ./data/FashionMNIST/raw/t10k-images-idx3-ubyte.gz to ./
data/FashionMNIST/raw


Downloading http://fashion-mnist.s3-website.eu-central-1.amazonaws.
com/t10k-labels-idx1-ubyte.gz
Downloading http://fashion-mnist.s3-website.eu-central-1.amazonaws.
com/t10k-labels-idx1-ubyte.gz to ./data/FashionMNIST/raw/t10k-
labels-idx1-ubyte.gz
Extracting ./data/FashionMNIST/raw/t10k-labels-idx1-ubyte.gz to ./
data/FashionMNIST/raw
```

데이터의 수: 60000

6.5.3 데이터의 전처리

이미지 데이터를 RNN에 적합한 형태로 조정합니다. 이미지를 시계열 데이터로 변환하는데 정답은 시계열의 다음 행으로 합니다. 훈련용의 이미지 데이터 train_imgs에서 몇 행 꺼내서 입력 input_data에 놓고 다음 행은 정답 correct_data에 놓습니다.

이번에는 28×28 픽셀의 이미지를 사용하는데 시각 수 n_time을 14로 합니다. 이것으로 이미지 윗부분의 14행은 최초의 입력, 즉 시드가 되며 아랫부분의 14행은 1행씩 예측됩니다.

▼ 데이터의 전처리

```
import torch
from torch.utils.data import TensorDataset

n_time = 14  # 시각 수
n_in = img_size  # 입력층의 뉴런 수
n_mid = 256  # 중간층의 뉴런 수
n_out = img_size  # 출력층의 뉴런 수
n_sample_in_img = img_size-n_time  # 1장의 이미지 안의 샘플 수

dataloader = DataLoader(fmnist_data, batch_size=len(fmnist_data),
shuffle=False)
dataiter = iter(dataloader)  # 이터레이터
train_imgs, labels = next(dataiter)  # 데이터를 꺼낸다
train_imgs = train_imgs.view(-1, img_size, img_size)

n_sample = len(train_imgs) * n_sample_in_img  # 샘플 수

input_data = torch.zeros((n_sample, n_time, n_in))  # 입력
correct_data = torch.zeros((n_sample, n_out))  # 정답
for i in range(len(train_imgs)):
    for j in range(n_sample_in_img):
        sample_id = i*n_sample_in_img + j
        input_data[sample_id] = train_imgs[i, j:j+n_time]
        correct_data[sample_id] = train_imgs[i, j+n_time]

dataset = TensorDataset(input_data, correct_data)  # 데이터셋의 작성
train_loader = DataLoader(dataset, batch_size=128, shuffle=True)
                                              # DataLoader의 설정
```

6.5.4 테스트용의 데이터

이번은 테스트용의 데이터를 이미지 생성의 검증에 사용합니다.

▼ 테스트용 데이터의 설정

In

```
n_disp = 10 # 생성하고 표시할 이미지의 수

disp_data = FashionMNIST(root="./data",
                train=False,download=True,
                transform=transforms.ToTensor())
disp_loader = DataLoader(disp_data, batch_size=n_disp, shuffle=False)
dataiter = iter(disp_loader) # 이터레이터
disp_imgs, labels = next(dataiter) # 데이터를 꺼낸다
disp_imgs = disp_imgs.view(-1, img_size, img_size)
```

6.5.5 모델의 구축

nn.Module( ) 클래스를 상속받은 클래스로서 RNN 모델을 구축합니다.
LSTM층은 nn.LSTM( ) 클래스로 구현할 수 있습니다.

▼ RNN 모델의 구축

In

```
import torch.nn as nn

class Net(nn.Module):
  def __init__(self):
    super().__init__()
    self.rnn = nn.LSTM( # LSTM 층
      input_size=n_in, # 입력 크기
      hidden_size=n_mid, # 뉴런 수
```

```
        batch_first=True,  # 입력을 (배치 크기, 시각 수, 입력 수)로 한다
    )
    self.fc = nn.Linear(n_mid, n_out)  # 전결합층

  def forward(self, x):
    # y_rnn: 모든 시각의 출력  h: 중간층의 최후 시각의 값  c: 기억 셀
    y_rnn, (h, c) = self.rnn(x, None)
    y = self.fc(y_rnn[:, -1, :])  # y는 최후 시각의 출력
    return y

net = Net()
net.cuda()  # GPU 대응
print(net)
```

Out

```
Net(
  (rnn): LSTM(28, 256, batch_first=True)
  (fc): Linear(in_features=256, out_features=28, bias=True)
)
```

6.5.6 이미지 생성을 위한 함수

다음 코드의 함수는 원본 이미지 disp_imgs와 이 이미지의 윗부분을 바탕으로 아랫부분을 생성한 gen_imgs를 나열해 표시합니다. disp_imgs는 훈련 데이터에 포함되지 않는 이미지입니다.

처음에는 이미지의 윗부분을 시드로 하여 새로운 행을 생성하지만, 다음은 그 새로운 행을 포함하는 가장 최근의 시계열로부터 거듭 다음 행을 생성합니다. 이것을 반복함으로써 아랫부분의 이미지가 생성됩니다.

▼ 이미지 생성용의 함수

In

```
def generate_images():
    # 원본 이미지
    print("Original:")
    plt.figure(figsize=(20, 2))
    for i in range(n_disp):
        ax = plt.subplot(1, n_disp, i+1)
        ax.imshow(disp_imgs[i], cmap="Greys_r", vmin=0.0, vmax=1.0)
        ax.get_xaxis().sct_visible(False)  # 축을 표시하지 않음
        ax.get_yaxis().set_visible(False)
    plt.show()

    # 아랫부분을 RNN에 의해 생성한 이미지
    print("Generated:")
    net.eval()  # 평가 모드
    gen_imgs = disp_imgs.clone()
    plt.figure(figsize=(20, 2))
    for i in range(n_disp):
        for j in range(n_sample_in_img):
            x = gen_imgs[i, j:j+n_time].view(1, n_time, img_size)
            x = x.cuda()  # GPU 대응
            gen_imgs[i, j+n_time] = net(x)[0]
        ax = plt.subplot(1, n_disp, i+1)
        ax.imshow(gen_imgs[i].detach(), cmap="Greys_r", vmin=0.0, vmax=1.0)
        ax.get_xaxis().set_visible(False)  # 축을 표시하지 않음
        ax.get_yaxis().set_visible(False)
    plt.show()
```

6.5.7 학습

RNN 모델을 훈련합니다. DataLoader를 사용하여 미니 배치를 꺼내 훈련 및
평가를 실시합니다.

일정한 에포크 간격으로 오차 표시와 이미지 생성이 이뤄집니다.

▼ RNN 모델의 훈련과 이미지 생성

In

```python
from torch import optim

# 평균 제곱 오차
loss_fnc = nn.MSELoss()

# 최적화 알고리즘
optimizer = optim.Adam(net.parameters())

# 손실 로그
record_loss_train = []

# 학습
epochs = 30 # 에포크 수
for i in range(epochs):
    net.train() # 훈련 모드
    loss_train = 0
    for j, (x, t) in enumerate(train_loader): # 미니 배치 (x, t)를 꺼낸다
        x, t = x.cuda(), t.cuda() # GPU 대응
        y = net(x)
        loss = loss_fnc(y, t)
        loss_train += loss.item()
        optimizer.zero_grad()
        loss.backward()
```

```
    optimizer.step()
  loss_train /= j+1
  record_loss_train.append(loss_train)

  if i%5==0 or i==epochs-1:
    print("Epoch:", i, "Loss_Train:", loss_train)
    generate_images()
```

Out

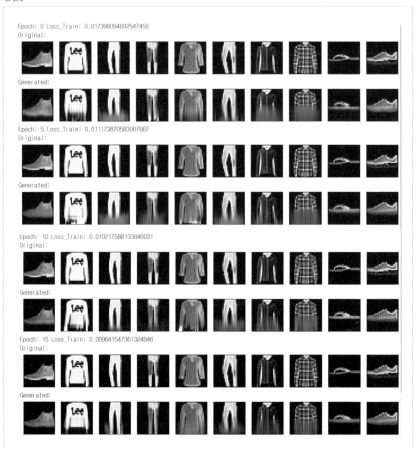

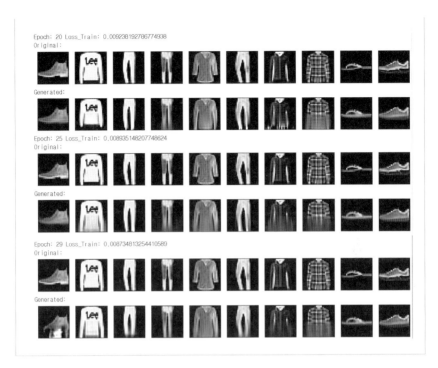

학습 초기 단계에는 생성된 이미지의 아래쪽이 흐릿합니다. 그러나 학습의 진행과 함께 조금씩 생성된 아랫부분의 이미지가 선명해집니다. 반드시 원본대로 되는 것은 아니지만 시드로부터 생각하면 어느 정도 타당한 이미지가 생성되고 있습니다.

6.5.8 오차 추이

훈련 데이터의 오차 추이를 그래프로 표시합니다. 이번에는 테스트 데이터를 사용하지 않습니다.

▼ 오차 추이

In

```
plt.plot(range(len(record_loss_train)), record_loss_train, label="Train")
```

```
plt.legend()

plt.xlabel("Epochs")
plt.ylabel("Error")
plt.show()
```

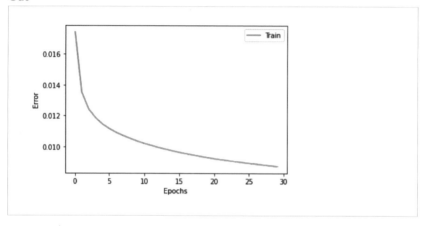

매끄럽게 오차가 감소한 모습을 확인할 수 있습니다. 이번은 RNN에 의한 이미지 생성을 다루었는데 같은 방법으로 문장 및 악곡 등의 생성도 실시할 수 있습니다.

6.6 연습

Chapter6의 연습은 RNN 구현의 연습입니다. RNN층에 LSTM 대신 GRU를 사용한 모델의 코드를 작성해 봅시다. GRU에 대해서는 6.4절 GRU 개요에서 설명했습니다.

코드를 작성하고 실행하여 문제없이 동작하는지 확인합시다.

6.6.1 데이터의 전처리

Fashion-MNIST의 이미지 데이터를 RNN에 적합한 형태로 조정합니다.

▼ 데이터의 전처리

In

```
import torch
from torchvision.datasets import FashionMNIST
import torchvision.transforms as transforms
from torch.utils.data import TensorDataset, DataLoader
import matplotlib.pyplot as plt


img_size = 28
n_time = 14  # 시각 수
n_in = img_size  # 입력층의 뉴런 수
n_mid = 256  # 중간층의 뉴런 수
n_out = img_size  # 출력층의 뉴런 수
n_sample_in_img = img_size-n_time  # 1장의 이미지 안의 샘플 수
```

```
fmnist_data = FashionMNIST(root="./data",
                train=True,download=True,
                transform=transforms.ToTensor())
fmnist_classes = ["T-shirt/top", "Trouser", "Pullover", "Dress",
"Coat",
        "Sandal", "Shirt", "Sneaker", "Bag", "Ankle boot"]


dataloader = DataLoader(fmnist_data, batch_size=len(fmnist_data),
shuffle=False)
dataiter = iter(dataloader) # 이터레이터
train_imgs, labels = next(dataiter) # 데이터를 꺼낸다
train_imgs = train_imgs.view(-1, img_size, img_size)


n_sample = len(train_imgs) * n_sample_in_img # 샘플 수


input_data = torch.zeros((n_sample, n_time, n_in)) # 입력
correct_data = torch.zeros((n_sample, n_out)) # 정답
for i in range(len(train_imgs)):
    for j in range(n_sample_in_img):
        sample_id = i*n_sample_in_img + j
        input_data[sample_id] = train_imgs[i, j:j+n_time]
        correct_data[sample_id] = train_imgs[i, j+n_time]


dataset = TensorDataset(input_data, correct_data) # 데이터셋의 작성
train_loader = DataLoader(dataset, batch_size=128, shuffle=True)
                                        # DataLoader의 설정
```

6.6.2 테스트용 데이터

테스트용 데이터를 설정합니다.

▼ 테스트용 데이터의 설정

In

```
n_disp = 10 # 생성하고 표시할 이미지의 수


disp_data = FashionMNIST(root="./data",
                    train=False,download=True,
                    transform=transforms.ToTensor())
disp_loader = DataLoader(disp_data, batch_size=n_disp, shuffle=False)
dataiter = iter(disp_loader) # 이터레이터
disp_imgs, labels = next(dataiter) # 데이터를 꺼낸다
disp_imgs = disp_imgs.view(-1, img_size, img_size)
```

6.6.3 모델 구축

Net( ) 클래스의 내부에 코드를 기술하고 GRU를 사용한 RNN 모델을 구축합시다. 다음 코드의 지정 부분에 코드를 추가하세요.

▼ RNN 모델의 구축

In

```
import torch.nn as nn


class Net(nn.Module):
    # ------- 이하에 코드를 적는다 -------
```

```
      # ------- 여기까지 -------

net = Net()
net.cuda()  # GPU 대응
print(net)
```

6.6.4 이미지 생생을 위한 함수

이미지 생성용의 함수를 추가합니다.

▼ 이미지 생성용의 함수
In

```
def generate_images():
    # 원본 이미지
    print("Original:")
    plt.figure(figsize=(20, 2))
    for i in range(n_disp):
        ax = plt.subplot(1, n_disp, i+1)
        ax.imshow(disp_imgs[i], cmap="Greys_r", vmin=0.0, vmax=1.0)
        ax.get_xaxis().set_visible(False)  # 축을 표시하지 않음
```

```
    ax.get_yaxis().set_visible(False)
  plt.show()

  # 아랫부분을 RNN에 의해 생성한 이미지
  print("Generated:")
  net.eval()  # 평가 모드
  gen_imgs = disp_imgs.clone()
  plt.figure(figsize=(20, 2))
  for i in range(n_disp):
    for j in range(n_sample_in_img):
      x = gen_imgs[i, j:j+n_time].view(1, n_time, img_size)
      x = x.cuda()  # GPU 대응
      gen_imgs[i, j+n_time] = net(x)[0]
    ax = plt.subplot(1, n_disp, i+1)
    ax.imshow(gen_imgs[i].detach(), cmap="Greys_r", vmin=0.0, vmax=1.0)
    ax.get_xaxis().set_visible(False)  # 축을 표시하지 않음
    ax.get_yaxis().set_visible(False)
  plt.show()
```

6.6.5 학습

RNN 모델의 훈련과 이미지 생성을 실시합니다.

▼ RNN 모델의 훈련과 이미지 생성

In

```
from torch import optim

# 평균 제곱 오차
loss_fnc = nn.MSELoss()
```

```python
# 최적화 알고리즘
optimizer = optim.Adam(net.parameters())

# 손실 로그
record_loss_train = []

# 학습
epochs = 50  # 에포크 수
for i in range(epochs):
    net.train()  # 훈련 모드
    loss_train = 0
    for j, (x, t) in enumerate(train_loader):  # 미니 배치 (x, t)를 꺼낸다
        x, t = x.cuda(), t.cuda()  # GPU 대응
        y = net(x)
        loss = loss_fnc(y, t)
        loss_train += loss.item()
        optimizer.zero_grad()
        loss.backward()
        optimizer.step()
    loss_train /= j+1
    record_loss_train.append(loss_train)

    if i%5==0 or i==epochs-1:
        print("Epoch:", i, "Loss_Train:", loss_train)
        generate_images()
```

6.6.6 오차 추이

오차 추이를 확인합니다.

▼ 오차 추이

In

```
plt.plot(range(len(record_loss_train)), record_loss_train, label="Train")
plt.legend()

plt.xlabel("Epochs")
plt.ylabel("Error")
plt.show()
```

6.6.7 정답 예

다음은 정답 예입니다.

▼ 정답 예: 모델의 구축

In

```
import torch.nn as nn

class Net(nn.Module):
    # ------- 이하에 코드를 적는다 -------
    def __init__(self):
        super().__init__()
        self.rnn = nn.GRU(  # GRU 층
            input_size=n_in,  # 입력 크기
            hidden_size=n_mid,  # 뉴런 수
            batch_first=True,  # 입력을 (배치 크기, 시계열 수, 입력 수)로 한다
        )
        self.fc = nn.Linear(n_mid, n_out)  # 전결합층
```

```python
    def forward(self, x):
        # y_rnn: 전 시각의 출력  h: 중간층의 최후 시각의 값
        y_rnn, h = self.rnn(x, None)
        y = self.fc(y_rnn[:, -1, :])  # y는 최후 시각의 출력
        return y
    # ------- 여기까지 -------

net = Net()
net.cuda()  # GPU 대응
print(net)
```

6.7 정리

Chapter6에서 배운 것을 정리합니다.

이번 장에서는 RNN의 개요 설명과 간단한 RNN 구현부터 시작했습니다. RNN 모델을 노이즈가 있는 사인 곡선의 다음 값을 예측하도록 훈련했으며, 훈련이 진행됨에 따라 점차 데이터의 본질을 파악한 곡선이 생성되었습니다.

그리고 기억 셀 및 게이트 등의 복잡한 구조를 내부에 가지는 LSTM과, LSTM을 더욱 간단하게 한 GRU를 설명하고, LSTM층을 구현한 모델로 이미지 생성을 실시했습니다. 이미지의 다음 행을 예측하도록 RNN 모델을 훈련한 결과 어느 정도 정확한 이미지가 생성되게 되었습니다.

말하자면 RNN은 미래를 예측하는 기술이라고 생각할 수 있습니다. 응용 범위가 넓기 때문에 부디 어떤 형태로 활용할 수 있을지 생각해 보길 바랍니다.

인공지능 앱의 구축과 공개

이번 장에서는 인공지능을 탑재한 웹 앱을 구축하고 공개하는 방법을 배웁니다. 지금까지 배워온 PyTorch의 기술을 사용해 이미지 인식 모델을 구축 및 훈련하고 웹 앱에 넣읍시다.

이번 장에는 다음 내용을 다룹니다.

· Streamlit에 의한 AI 앱 개발의 개요
· 모델 구축과 훈련
· 이미지 인식 앱의 구축
· 앱의 배포
· 연습

이번에는 Streamlit이라는 프레임워크를 사용하는데 우선 그 개요를 설명합니다. 그리고 이미지를 식별하는 CNN 모델을 훈련한 다음에 이 모델과 Streamlit을 사용하여 이미지 인식 앱을 구축합니다. 그리고 구축한 앱을 웹상에 공개합니다. 앱을 공개하기 위해서는 서버가 필요하며 이번 장에서는 Streamlit Cloud라는 클라우드 서비스를 이용합니다.

이번 장의 마지막에 있는 연습에서는 다른 훈련 데이터를 사용하여 인공지능 웹 앱의 개발을 시행합니다.

또한, 버전이나 환경별 차이를 상세하게 기술하기는 어려우므로 환경 설정에 관해서는 어느 정도 스스로 조사해야 할 필요가 있으므로 알아두시기 바랍니다. 또한, 앱 공개에 의한 영향에 관해서는 저자 및 출판사는 책임지지 않습니다. 공개는 자기 책임으로 부탁드립니다.

또한, 웹 앱의 소스 코드는 오픈 소스를 전제로 진행합니다. GitHub에 소스 코드가 공개되는 점에 주의하세요.

모델의 구축과 훈련, 웹 앱의 구축과 공개라는 흐름을 파악해 두면 내 손으로 만든 인공지능 앱을 개발할 수 있게 됩니다. 이러한 프로세스에 익숙해져 갑시다.

7.1 Streamlit으로 인공지능 앱 개발하기

이번 장에서는 이 책에서 지금까지 배워온 기술을 사용하여 모델을 훈련하고, 훈련한 모델을 사용한 인공지능 웹 앱을 구축합니다. 구축한 앱은 클라우드에 업로드하여 누구나 이용할 수 있도록 공개합니다.

먼저 Streamlit을 사용한 인공지능 앱 개발의 개요를 설명합니다.

7.1.1 Streamlit

Streamlit은 Streamlit 사가 개발한 웹 앱 프레임워크로 데이터 분석 및 기계 학습 코드를 통합한 웹 앱을 간단하게 구축하고 공개할 수 있습니다.

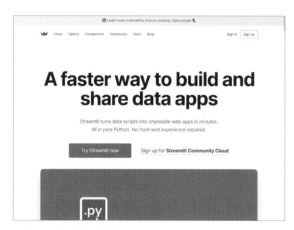

▲ Streamlit의 웹 사이트

- Streamlit의 사이트
  URL https://streamlit.io

Streamlit을 사용해 데이터 분석 결과를 간단히 웹 페이지에 표시할 수 있습니다. 예를 들어 Pandas의 DataFrame을 표로 표시하거나 matplotlib 등으로 작성한 그래프를 삽입할 수 있습니다. 간결하고 사용하기 쉬운 UI를 구현할 수 있고 다양한 타입의 앱에 대응할 수 있습니다.

손쉬운 만큼 반대로 복잡한 앱 개발은 어렵지만 인공지능 모델의 데모를 만들거나 데이터 분석의 결과를 손쉽게 멤버들과 공유하고 싶을 때 매우 편리합니다.

또한, Streamlit Cloud라는 서비스를 사용하면 GitHub를 경유해 구축한 인공지능 앱을 쉽게 공개할 수 있습니다. 이때 Python 코드만으로 작성하면 되며, HTML과 같은 다른 언어의 코드를 작성할 필요는 없습니다.

이러한 이유로 앱을 공개하는 비용이 크게 줄어들기 때문에 Streamlit은 현재 인기가 급상승 중입니다. 또한, Streamlit Cloud에는 유료 요금제도 있지만 무료 요금제도 있으므로 부담 없이 시작할 수 있습니다. 실제로 어떤 앱을 개발할 수 있는지 관심 있는 분은 공식 사이트의 갤러리를 방문해 보면 어떨까요?

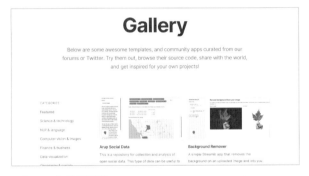

▲ Streamlit의 갤러리

- Gallery

  URL https://streamlit.io/gallery

BERT에 의한 자연어 처리 앱 및 GAN에 의한 얼굴 이미지 생성 앱, 지도를 사용한 앱 등에서 다양한 타입의 인공지능 앱이 소개되어 있습니다.

7.1.2 Streamlit을 이용한 인공지능 앱 개발

다음 그림은 이번 장에서 구축하는 패션 아이템을 식별하는 인공지능 웹 앱입니다. 패션 아이템의 이미지는 로컬에서 업로드하거나 카메라로 촬영해서 입수합니다. 그런 다음 이 이미지를 입력해서 훈련한 모델로 예측이 이뤄집니다. 예측 결과는 화면에 문장 및 원 그래프로 표시됩니다.

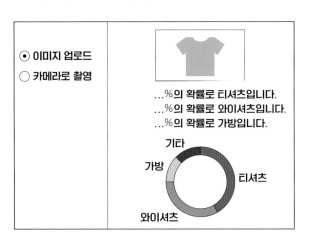

▲ 구축할 인공지능 웹 앱의 이미지

이번 장에서는 다음과 같은 흐름으로 인공지능 앱을 구축하고 공개합니다.

1. CNN 모델의 훈련
2. Streamlit으로 웹 앱을 구축
3. GitHub 경유로 Streamlit Cloud에 앱을 배포

먼저 PyTorch에서 CNN 모델을 구축하고 패션 아이템의 이미지를 훈련 데이터로서 사용하여 모델을 훈련합니다. 그리고 훈련한 모델을 사용하는 웹 앱을 프레임워크 Streamlit을 사용하여 구축합니다.

구축한 앱은 GitHub의 저장소에 업로드하고 Streamlit Cloud와 연계하여 클라우드에 공개합니다. 이때 URL이 발행되므로 공유해서 많은 사람이 앱을 사용할 수 있습니다.

7.2 모델 구축과 훈련

Google Colaboratory에서 이미지 식별용의 모델을 구축하고 훈련합니다. 이번은 Fashion-MNIST를 훈련 데이터로 사용하여 패션 아이템을 식별할 수 있도록 모델을 훈련합니다. 훈련한 모델은 저장하고 다운로드합니다. 학습에 시간이 걸리므로 편집 → 노트북 설정의 하드웨어 감속기에서 GPU를 선택하세요.

7.2.1 훈련 데이터 읽어 들이기와 DataLoader의 설정

훈련 데이터로서 6.5절 RNN을 이용한 이미지 생성에서 설명한 데이터셋 Fashion-MNIST를 읽어들입니다. Fashion-MNIST에는 10개 카테고리, 합계 70000장의 패션 아이템 이미지가 포함되어 있습니다. 이미지는 그레이 스케일, 크기는 28×28 픽셀입니다. 또한, DataLoader를 데이터 확장과 함께 설정합니다. 이번에는 배경의 밝기 변동에 대해서도 잘 대응하도록 색 반전도 시행합니다.

▼ 훈련 데이터 읽어들이기와 DataLoader의 설정

In

```
from torchvision.datasets import FashionMNIST
import torchvision.transforms as transforms
from torch.utils.data import DataLoader

affine = transforms.RandomAffine((-30, 30), # 회전
                    scale=(0.8, 1.2), # 확대와 축소
                    translate=(0.5, 0.5)) # 이동
```

```python
flip = transforms.RandomHorizontalFlip(p=0.5)  # 좌우 반전
invert = transforms.RandomInvert(p=0.5)  # 색의 반전
to_tensor = transforms.ToTensor()
normalize = transforms.Normalize((0.0), (1.0))  # 평균값을 0, 표준편차
를 1로
erase = transforms.RandomErasing(p=0.5)  # 일부를 소거

transform_train = transforms.Compose([affine, flip, invert, to_
tensor, normalize, erase])
transform_test = transforms.Compose([to_tensor, normalize])
fashion_train = FashionMNIST("./data", train=True, download=True,
transform=transform_train)
fashion_test = FashionMNIST("./data", train=False, download=True,
transform=transform_test)

# DataLoader의 설정
batch_size = 64
train_loader = DataLoader(fashion_train, batch_size=batch_size,
shuffle=True)
test_loader = DataLoader(fashion_test, batch_size=batch_size,
shuffle=False)
```

Out

```
Downloading http://fashion-mnist.s3-website.eu-central-1.amazonaws.
com/train-images-idx3-ubyte.gz
Downloading http://fashion-mnist.s3-website.eu-central-1.amazonaws.
com/train-images-idx3-ubyte.gz to ./data/FashionMNIST/raw/train-
images-idx3-ubyte.gz
Extracting ./data/FashionMNIST/raw/train-images-idx3-ubyte.gz to ./
data/FashionMNIST/raw
```

```
Downloading http://fashion-mnist.s3-website.eu-central-1.amazonaws.
com/train-labels-idx1-ubyte.gz
Downloading http://fashion-mnist.s3-website.eu-central-1.amazonaws.
com/train-labels-idx1-ubyte.gz to ./data/FashionMNIST/raw/train-
labels-idx1-ubyte.gz
Extracting ./data/FashionMNIST/raw/train-labels-idx1-ubyte.gz to ./
data/FashionMNIST/raw

Downloading http://fashion-mnist.s3-website.eu-central-1.amazonaws.
com/t10k-images-idx3-ubyte.gz
Downloading http://fashion-mnist.s3-website.eu-central-1.amazonaws.
com/t10k-images-idx3-ubyte.gz to ./data/FashionMNIST/raw/t10k-
images-idx3-ubyte.gz
Extracting ./data/FashionMNIST/raw/t10k-images-idx3-ubyte.gz to ./
data/FashionMNIST/raw

Downloading http://fashion-mnist.s3-website.eu-central-1.amazonaws.
com/t10k-labels-idx1-ubyte.gz
Downloading http://fashion-mnist.s3-website.eu-central-1.amazonaws.
com/t10k-labels-idx1-ubyte.gz to ./data/FashionMNIST/raw/t10k-
labels-idx1-ubyte.gz
Extracting ./data/FashionMNIST/raw/t10k-labels-idx1-ubyte.gz to ./
data/FashionMNIST/raw
```

또, Fashion-MNIST의 원본 데이터는 MIT 라이선스입니다. MIT 라이선스
는 라이선스 표기가 필요하지만 비교적 자유롭게 사용할 수 있습니다. 훈련 데
이터를 서비스에 이용할 때는 그 데이터의 라이선스에 주의를 기울여야 합니다.

- fashion-mnist
  URL https://github.com/zalandoresearch/fashion-mnist

7.2.2 모델 구축

nn.Module( ) 클래스를 상속받은 클래스로서 CNN 모델을 구축합니다.
CNN 모델의 코드를 읽는 방법에 대해서는 Chapter5 CNN(합성곱 신경망)에
서 설명하고 있습니다.

이번에는 배치 정규화(Batch Normalization)를 위한 층인 nn.Batch
Norm2d( ) 클래스를 추가합니다. 배치 정규화는 네트워크 도중에 데이터를
평균 0, 표준편차 1로 변환하여 데이터 분포의 편향을 방지합니다. 이로 인해
학습이 안정화되고 속도가 빨라집니다. 또한, 배치 정규화의 층에는 학습 파라
미터가 있으므로 층을 다시 사용할 수 없습니다.

▼ 이미지 인식 모델의 구축

In

```python
import torch.nn as nn

class Net(nn.Module):
  def __init__(self):
    super().__init__()
    self.conv1 = nn.Conv2d(1, 8, 3)
    self.conv 2 = nn.Conv2d(8, 16, 3)
    self.bn1 = nn.BatchNorm2d(16)
    self.conv3 = nn.Conv2d(16, 32, 3)
    self.conv4 = nn.Conv2d(32, 64, 3)
    self.bn2 = nn.BatchNorm2d(64)

    self.pool = nn.MaxPool2d(2, 2)
    self.relu = nn.ReLU()

    self.fc1 = nn.Linear(64*4*4, 256)
    self.dropout = nn.Dropout(p=0.5)
```

```python
        self.fc2 = nn.Linear(256, 10)

    def forward(self, x):
        x = self.relu(self.conv1(x))
        x = self.relu(self.bn1(self.conv2(x)))
        x = self.pool(x)
        x = self.relu(self.conv3(x))
        x = self.relu(self.bn2(self.conv4(x)))
        x = self.pool(x)
        x = x.view(-1, 64*4*4)
        x = self.relu(self.fc1(x))
        x = self.dropout(x)
        x = self.fc2(x)
        return x

net = Net()
net.cuda()  # GPU 대응
print(net)
```

Out

```
Net(
  (conv1): Conv2d(1, 8, kernel_size=(3, 3), stride=(1, 1))
  (conv2): Conv2d(8, 16, kernel_size=(3, 3), stride=(1, 1))
  (bn1): BatchNorm2d(16, eps=1e-05, momentum=0.1, affine=True, track_
running_stats=True)
  (conv3): Conv2d(16, 32, kernel_size=(3, 3), stride=(1, 1))
  (conv4): Conv2d(32, 64, kernel_size=(3, 3), stride=(1, 1))
  (bn2): BatchNorm2d(64, eps=1e-05, momentum=0.1, affine=True, track_
running_stats=True)
  (pool): MaxPool2d(kernel_size=2, stride=2, padding=0, dilation=1,
```

```
    ceil_mode=False)
    (relu): ReLU()
    (fc1): Linear(in_features=1024, out_features=256, bias=True)
    (dropout): Dropout(p=0.5, inplace=False)
    (fc2): Linear(in_features=256, out_features=10, bias=True)
)
```

7.2.3 학습

이미지 인식 모델을 훈련합니다. DataLoader를 사용하여 미니 배치를 꺼내서 훈련 및 평가를 실시합니다.

▼ 이미지 인식 모델의 훈련

In

```python
from torch import optim

# 교차 엔트로피 오차 함수
loss_fnc = nn.CrossEntropyLoss()

# 최적화 알고리즘
optimizer = optim.Adam(net.parameters())

# 손실 로그
record_loss_train = []
record_loss_test = []

# 학습
for i in range(30):  # 30 에포크 학습
    net.train()  # 훈련 모드
    loss_train = 0
```

```python
for j, (x, t) in enumerate(train_loader):  # 미니 배치 (x, t)를 꺼낸다
    x, t = x.cuda(), t.cuda()  # GPU 대응
    y = net(x)
    loss = loss_fnc(y, t)
    loss_train += loss.item()
    optimizer.zero_grad()
    loss.backward()
    optimizer.step()
loss_train /= j+1
record_loss_train.append(loss_train)

net.eval()  # 평가 모드
loss_test = 0
for j, (x, t) in enumerate(test_loader):  # 미니 배치 (x, t)를 꺼낸다
    x, t = x.cuda(), t.cuda()  # GPU 대응
    y = net(x)
    loss = loss_fnc(y, t)
    loss_test += loss.item()
loss_test /= j+1
record_loss_test.append(loss_test)

if i%1 == 0:
    print("Epoch:", i, "Loss_Train:", loss_train, "Loss_Test:", loss_test)
```

Out

```
Epoch: 0 Loss_Train: 1.8546833901771351 Loss_Test: 1.459048970489745
Epoch: 1 Loss_Train: 1.5731135868568664 Loss_Test: 1.2706125967062203
Epoch: 2 Loss_Train: 1.46507654388322 Loss_Test: 1.037131292045496
Epoch: 3 Loss_Train: 1.3947229159157921 Loss_Test: 1.0262772748424749
Epoch: 4 Loss_Train: 1.3341417343758826 Loss_Test: 0.8644372904376619
```

```
Epoch: 5 Loss_Train: 1.299869220648239 Loss_Test: 0.9471319830341703

Epoch: 6 Loss_Train: 1.2576740609049035 Loss_Test: 0.8078534994155738

Epoch: 7 Loss_Train: 1.2278108253026567 Loss_Test: 0.7799058019355604

Epoch: 8 Loss_Train: 1.206408360492446 Loss_Test: 0.7783506303835827

Epoch: 9 Loss_Train: 1.1771444513091147 Loss_Test: 0.7768166340460443

Epoch: 10 Loss_Train: 1.1632205439783108 Loss_Test: 0.7069571559216566

Epoch: 11 Loss_Train: 1.1456014049459877 Loss_Test: 0.7487376047547456

Epoch: 12 Loss_Train: 1.12511107630567 Loss_Test: 0.6815436873466346

Epoch: 13 Loss_Train: 1.1069763318689139 Loss_Test: 0.6467633765594215

Epoch: 14 Loss_Train: 1.1019992353692492 Loss_Test: 0.6716091708772501

Epoch: 15 Loss_Train: 1.0916602338936283 Loss_Test: 0.6387225267993417

Epoch: 16 Loss_Train: 1.0743475326342877 Loss_Test: 0.6113670584122846

Epoch: 17 Loss_Train: 1.0683982144794992 Loss_Test: 0.6105870029349236

Epoch: 18 Loss_Train: 1.0574319248260466 Loss_Test: 0.6510817951457516

Epoch: 19 Loss_Train: 1.0468959201500614 Loss_Test: 0.5725289655339186

Epoch: 20 Loss_Train: 1.0408359361864101 Loss_Test: 0.6011753477108707

Epoch: 21 Loss_Train: 1.0311010307086301 Loss_Test: 0.5739453882928107

Epoch: 22 Loss_Train: 1.028839076950606 Loss_Test: 0.5970588193577566

Epoch: 23 Loss_Train: 1.0179130396227847 Loss_Test: 0.5655467276740226

Epoch: 24 Loss_Train: 1.0092841981570604 Loss_Test: 0.5711434587931178

Epoch: 25 Loss_Train: 1.00855740644276 Loss_Test: 0.56439114110485

Epoch: 26 Loss_Train: 1.0088612910018546 Loss_Test: 0.6044098647536745

Epoch: 27 Loss_Train: 0.9964095330568773 Loss_Test: 0.5648373858943866

Epoch: 28 Loss_Train: 0.9984304700960228 Loss_Test: 0.5445403162461178

Epoch: 29 Loss_Train: 0.9856864496080606 Loss_Test: 0.557753919036525
```

7.2.4 오차 추이

훈련 데이터와 테스트 데이터 각각 오차 추이를 그래프로 표시합니다.

▼ 오차 추이

In

```python
import matplotlib.pyplot as plt

plt.plot(range(len(record_loss_train)), record_loss_train,
label="Train")
plt.plot(range(len(record_loss_test)), record_loss_test,
label="Test")
plt.legend()

plt.xlabel("Epochs")
plt.ylabel("Error")
plt.show()
```

Out

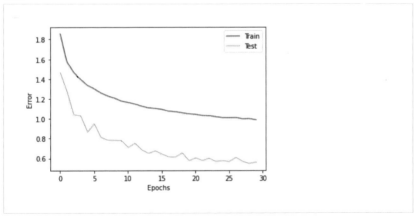

7.2.5 정답률

모델의 성능을 파악하기 위해서 테스트 데이터를 사용해 정답률을 측정합니다.

▼ 정답률의 계산

In

```
correct = 0
total = 0
net.eval() # 평가 모드
for i, (x, t) in enumerate(test_loader):
    x, t = x.cuda(), t.cuda() # GPU 대응
    y = net(x)
    correct += (y.argmax(1) == t).sum().item()
    total += len(x)
print("정답률:", str(correct/total*100) + "%")
```

Out

```
정답률: 79.13%
```

7.2.6 모델 저장

훈련한 모델의 파라미터를 state_dict( ) 메서드에 의해 취득하고 저장합니다.
다음 코드는 state_dict( ) 메서드의 내용을 표시한 후 model_cnn.pth라는
파일명으로 저장합니다.

▼ 모델 저장

In

```
import torch

# state_dict()의 표시
for key in net.state_dict():
```

```
    print(key, ": ", net.state_dict()[key].size())

# 저장
torch.save(net.state_dict(), "model_cnn.pth")
```

Out

```
conv1.weight : torch.Size([8, 1, 3, 3])
conv1.bias : torch.Size([8])
conv2.weight : torch.Size([16, 8, 3, 3])
conv2.bias : torch.Size([16])
bn1.weight : torch.Size([16])
bn1.bias : torch.Size([16])
bn1.running_mean : torch.Size([16])
bn1.running_var : torch.Size([16])
bn1.num_batches_tracked : torch.Size([])
conv3.weight : torch.Size([32, 16, 3, 3])
conv3.bias : torch.Size([32])
conv4.weight : torch.Size([64, 32, 3, 3])
conv4.bias : torch.Size([64])
bn2.weight : torch.Size([64])
bn2.bias : torch.Size([64])
bn2.running_mean : torch.Size([64])
bn2.running_var : torch.Size([64])
bn2.num_batches_tracked : torch.Size([])
fc1.weight : torch.Size([256, 1024])
fc1.bias : torch.Size([256])
fc2.weight : torch.Size([10, 256])
fc2.bias : torch.Size([10])
```

7.2.7 훈련한 파라미터의 다운로드

훈련한 모델의 파라미터 model_cnn.pth를 로컬 환경으로 다운로드해 둡시다.

페이지 왼쪽의 파일 아이콘을 클릭하고, model_cnn.pth의 오른쪽 아이콘(⋮)
을 클릭합니다. 선택지가 표시되므로 다운로드를 선택합니다.

▲ model_cnn.pth를 다운로드

그 결과 model_cnn.pth가 로컬 환경에 다운로드되므로 저장해 둡시다. 이 파
일은 다음 절에서 앱 구축에 이용합니다.

7.3 이미지 인식 앱의 구축

Streamlit을 사용하여 이미지를 인식하는 앱을 만듭시다. 프레임워크로는 PyTorch를 사용하여 원본 CNN 모델을 읽어들여 사용합니다.

이번은 Google Colaboratory에서 다음 2개의 파일을 만듭니다.

- model.py
- app.py

app.py가 앱의 본체이고, model.py는 훈련한 모델을 사용해 예측을 실시하는 파일입니다.

이것들을 동작시키기 위해서는 이전 절에서 만든 훈련한 파라미터 model_cnn.pth를 업로드해야 합니다.

다음 절에서는 Streamlit Cloud를 사용하여 클라우드에 만든 앱을 배포하는데, 이 절에서는 ngrok라는 툴을 사용해 앱의 동작을 확인합니다. 또, 이 책에서는 설명하지 않지만 로컬 환경에 직접 Python 환경을 설정할 수 있는 분은 그쪽에서 동작을 확인할 수도 있습니다.

7.3.1 ngrok의 설정

ngrok(엥그록)은 로컬 서버를 외부 공개할 수 있는 툴입니다. 이번은 Google Colaboratory 서버에서 이 ngrok을 사용하여 앱을 공개하고 동작을 확인합니다.

Google Colaboratory에서 ngrok를 사용하려면 ngrok 사이트에 등록하여

Authtoken을 취득해야 합니다.

우선은 ngrok의 웹 사이트에서 가입합니다. 화면 오른쪽 위의 Sign up 버튼을 클릭합니다. 화면이 표시되므로 이름 및 이메일 주소, 비밀번호를 입력합니다. 필요한 곳에 체크를 한 다음에, Sign Up을 클릭합니다. 그러면 ngrok에서 이메일이 오므로 본문의 URL을 클릭하여 인증을 실시합니다.

▲ ngrok의 웹사이트

- ngrok 웹사이트

  URL https://ngrok.com

인증이 완료되면 ngrok의 대시보드에 도달할 수 있습니다.

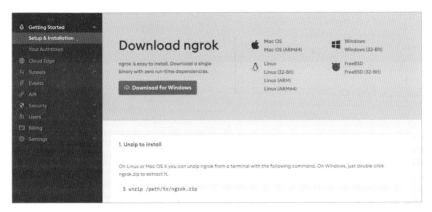

▲ ngrok의 대시보드

여기에서 왼쪽 메뉴의 Your Authtoken을 선택합시다. Your Authtoken 이 표시되므로 이것을 Copy 버튼을 클릭하여 복사해 둡니다. 이것은 7.3.6 Authtoken의 설정에서 노트북의 Your Authtoken 부분에 붙여넣습니다.

▲ Your Authtoken

이상으로 ngrok 설정이 완료되었습니다.

7.3.2 라이브러리 설치

Streamlit 및 앱의 동작 확인에 사용하는 ngrok을 설치합니다.

▼ 필요한 라이브러리의 설치

In

```
!pip install streamlit==1.8.1 --quiet
!pip install pyngrok==4.1.1 --quiet
```

Out

```
━━━━━━━━━━━━━━━━━━━ 10.1/10.1 MB 58.3 MB/s eta 0:00:00
━━━━━━━━━━━━━━━━━━━ 4.7/4.7 MB 53.0 MB/s eta 0:00:00
━━━━━━━━━━━━━━━━━━━ 79.0/79.0 KB 4.3 MB/s eta 0:00:00
━━━━━━━━━━━━━━━━━━━ 164.8/164.8 KB 12.6 MB/s eta 0:00:00
━━━━━━━━━━━━━━━━━━━ 184.3/184.3 KB 10.7 MB/s eta 0:00:00
Preparing metadata (setup.py) ... done
━━━━━━━━━━━━━━━━━━━ 62.7/62.7 KB 4.2 MB/s eta 0:00:00
Building wheel for validators (setup.py) ... done
Preparing metadata (setup.py) ... done
Building wheel for pyngrok (setup.py) ... done
```

일부 패키지의 설치에서 오류가 표시될 수도 있으나 앱의 동작에 영향은 주지 않으니 신경 쓰지 말고 앞으로 진행합시다. 다음으로 Streamlit 및 ngrok를 import합니다.

▼ Streamlit 와 ngrok 을 import 한다

In

```
import streamlit as st
from pyngrok import ngrok
```

Out

```
INFO:numexpr.utils:NumExpr defaulting to 2 threads.
2023-02-18 08:47:21.518 INFO    numexpr.utils: NumExpr defaulting to 2
threads.
```

7.3.3 훈련한 파라미터를 업로드

훈련한 파라미터 model_cnn.pth를 업로드합니다.

페이지 왼쪽의 파일의 아이콘을 클릭하고, 표시된 메뉴에서 조금 전에 받아둔 model_cnn.pth를 선택하여 열린 영역으로 드래그&드롭합니다.

▲ model_cnn.pth 의 업로드

이로 인해 model_cnn.pth가 Google Colaboratory의 서버에 업로드되고, 노트북에서 읽어 들일 수 있게 됩니다.

7.3.4 모델을 다루는 파일

이미지 인식을 훈련한 모델을 읽어 들이고, 예측을 하는 코드를 model.py에 써넣습니다.

다음 코드의 앞에 있는 %%writefile은 매직 커맨드의 일종으로, 지정한 파일에 셀의 내용을 적어 넣습니다. 이 경우는 이 행 이후의 코드가 파일 model.py에 쓰입니다.

predict( ) 함수는 인수로 img를 받는데 이것은 PIL(Pillow)의 Image형입니다. 이것은 훈련한 모델에 맞게 흑백으로 변환하고 크기도 변환합니다. 나머지는 Tensor로 변환한 다음에 이것을 훈련한 모델에 입력합니다. 그리고 예측결과를 조정하여 반환값으로 합니다.

▼ 모델을 다루는 파일 model.py

In

```
%%writefile model.py
# 이하를 model.py에 써넣기
import torch
import torch.nn as nn
import torch.nn.functional as F
from torchvision import models, transforms
from PIL import Image

classes_kr = ["셔츠/톱", "바지", "풀오버", "드레스", "코드", "샌들", "
와이셔츠", "스니커즈", "가방", "앵클부츠"]
classes_en = ["T-shirt/top", "Trouser", "Pullover", "Dress", "Coat",
"Sandal", "Shirt", "Sneaker", "Bag", "Ankle boot"]
```

```python
n_class = len(classes_kr)
img_size = 28

# 이미지 인식의 모델
class Net(nn.Module):
    def __init__(self):
        super().__init__()
        self.conv1 = nn.Conv2d(1, 8, 3)
        self.conv2 = nn.Conv2d(8, 16, 3)
        self.bn1 = nn.BatchNorm2d(16)
        self.conv3 = nn.Conv2d(16, 32, 3)
        self.conv4 = nn.Conv2d(32, 64, 3)
        self.bn2 = nn.BatchNorm2d(64)

        self.pool = nn.MaxPool2d(2, 2)
        self.relu = nn.ReLU()

        self.fc1 = nn.Linear(64*4*4, 256)
        self.dropout = nn.Dropout(p=0.5)
        self.fc2 = nn.Linear(256, 10)

    def forward(self, x):
        x = self.relu(self.conv1(x))
        x = self.relu(self.bn1(self.conv2(x)))
        x = self.pool(x)
        x = F.relu(self.conv3(x))
        x = F.relu(self.bn2(self.conv4(x)))
        x = self.pool(x)
        x = x.view(-1, 64*4*4)
        x = F.relu(self.fc1(x))
        x = self.dropout(x)
```

```python
        x = self.fc2(x)

        return x


net = Net()


# 훈련한 파라미터 읽어 들이기와 설정
net.load_state_dict(torch.load(
    "model_cnn.pth", map_location=torch.device("cpu")
    ))


def predict(img):
    # 모델로 입력
    img = img.convert("L")  # 흑백으로 변환
    img = img.resize((img_size, img_size))  # 크기를 변환
    transform = transforms.Compose([transforms.ToTensor(),
                        transforms.Normalize((0.0), (1.0))
                        ])
    img = transform(img)
    x = img.reshape(1, 1, img_size, img_size)

    # 예측
    net.eval()
    y = net(x)

    # 결과를 반환한다
    y_prob = torch.nn.functional.softmax(torch.squeeze(y))  # 확률로 나
타낸다
    sorted_prob, sorted_indices = torch.sort(y_prob, descending=True)
# 내림차순으로 정렬
    return [(classes_kr[idx], classes_en[idx], prob.item()) for idx,
prob in zip(sorted_indices, sorted_prob)]
```

```
Writing model.py
```

또, 앞 코드의 torch.load( ) 함수에서 map_location에 CPU를 지정했는데 이로 인해 GPU로 훈련한 모델을 CPU로 사용할 수 있게 됩니다.

7.3.5 **앱의 코드**

이미지 인식 앱 본체의 코드를 app.py에 써넣습니다. 로컬에서 업로드 혹은 웹 카메라로 촬영한 이미지 파일에 무엇이 찍혀 있는지를 model.py의 predict( ) 함수를 사용해 판정합니다.

▼ 앱 본체의 파일 app.py

In

```
%%writefile app.py
# 이하를 app.py에 써넣기
import streamlit as st
import matplotlib.pyplot as plt
from PIL import Image
from model import predict

st.set_option("deprecation.showfileUploaderEncoding", False)

st.sidebar.title("이미지 인식 앱")
st.sidebar.write("원본 이미지 인식 모델을 사용해서 무슨 이미지인지를
판정합니다.")

st.sidebar.write("")

img_source = st.sidebar.radio("이미지 소스를 선택해 주세요.",
```

```
                     ("이미지를 업로드", "카메라로 촬영"))
if img_source == "이미지를 업로드":
    img_file = st.sidebar.file_uploader("이미지를 선택해 주세요.",
type=["png", "jpg", "jpeg"])
elif img_source == "카메라로 촬영":
    img_file = st.camera_input("카메라로 촬영")


if img_file is not None:
    with st.spinner("측정 중..."):
        img = Image.open(img_file)
        st.image(img, caption="대상 이미지", width=480)
        st.write("")

        # 예측
        results = predict(img)

        # 결과 표시
        st.subheader("판정 결과")
        n_top = 3 # 확률이 높은 순으로 3위까지 반환한다
        for result in results[:n_top]:
                st.write(str(round(result[2]*100, 2)) + "%의 확률로" +
result[0] + "입니다.")

        # 원 그래프 표시
        pie_labels = [result[1] for result in results[:n_top]]
        pie_labels.append("others") # 기타
        pie_probs = [result[2] for result in results[:n_top]]
        pie_probs.append(sum([result[2] for result in results[n_top:]]))
# 기타
        fig, ax = plt.subplots()
```

```
        wedgeprops={"width":0.3, "edgecolor":"white"}
        textprops = {"fontsize":6}
            ax.pie(pie_probs, labels=pie_labels, counterclock=False,
startangle=90,
            textprops=textprops, autopct="%.2f", wedgeprops=wedgeprops)
# 원그래프
    st.pyplot(fig)


st.sidebar.write("")
st.sidebar.write("")


st.sidebar.caption("""
이 앱은 Fashion-MNIST를 훈련 데이터로 사용하고 있습니다.\n
Copyright (c) 2017 Zalando SE\n
Released under the MIT license\n
https://github.com/zalandoresearch/fashion-mnist#license
""")
```

Out

```
Writing app.py
```

다음은 이번에 사용한 주요 Steamlit 코드의 설명입니다.

st.title( ) 함수로 타이틀을 표시합니다. sidebar를 끼워서 사이드 바에 표시되게 합니다.

```
st.sidebar.title("이미지 인식 앱")
```

st.write( )는 다양한 타입의 인수를 화면에 표시할 수 있는 만능 함수입니다. 다음의 경우는 문장을 사이드 바에 표시합니다.

```
st.sidebar.write("원본 이미지 인식 모델을 사용하여 무슨 이미지인지를
판정합니다.")
```

st.radio( ) 함수는 라디오 버튼을 배치합니다. 다음 코드는 이미지를 업로드,
카메라로 촬영, 2가지 선택지를 주는 라디오 버튼을 사이드 바에 배치합니다.

```
img_source = st.sidebar.radio("이미지 소스를 선택하세요.", ("이미지를
업로드", "카메라로 촬영"))
```

st.file_uploader( ) 함수에 의해 사용자가 파일을 업로드 가능한 영역이 배치
됩니다. 다음 코드에 의해 png, jpg, jpeg 확장자를 가진 파일을 업로드하는
영역이 사이드 바에 배치됩니다.

```
img_file = st.sidebar.file_uploader("이미지를 선택해 주세요. ",
type=["png", "jpg", "jpeg"])
```

st.camera_input( ) 함수로 웹 카메라가 실행되어 촬영이 가능하게 됩니다.

```
img_file = st.camera_input("카메라로 촬영")
```

st.image( ) 함수로 화면에 이미지를 표시할 수 있습니다.

```
st.image(img, caption="대상 이미지", width=480)
```

st.pyplot( ) 함수로 matplotlib 그래프를 표시할 수 있습니다.

```
st.pyplot(fig)
```

이상과 같이 Streamlit은 코드가 간단함에도 불구하고 다양한 UI를 구현할 수
있습니다. 다른 기능에 관심이 있는 분은 꼭 공식 문서를 읽어 보길 바랍니다.

- Streamlit Library

  URL https://docs.streamlit.io/library

7.3.6 Authtoken의 설정

ngrok로 접속하기 위해 필요한 Authtoken를 설정합니다.

다음 코드,

```
!ngrok authtoken YourAuthtoken
```

에서 YourAuthtoken 부분을 자신의 ngrok의 Authtoken로 바꿔 놓습니다.

▼ Authtoken의 설정

In

```
!ngrok authtoken YourAuthtoken
                  자신의 ngrok의 Authtoken로 바꿔 놓는다.
```

Out

```
Authtoken saved to configuration file: /root/.ngrok2/ngrok.yml
```

다음 절에서 GitHub를 사용하는데 실수로 자신의 AuthToken을 GitHub에 업로드하지 않도록 주의하세요.

7.3.7 앱 실행과 동작 확인

streamlit의 run 명령어로 앱을 실행합니다.

▼ 앱의 실행

In

```
!streamlit run app.py &>/dev/null&  #&>/dev/null&에 의해 출력을 표시하
```

ngrok 프로세스를 종료한 다음에 새로 포트를 지정하여 접속합니다. 접속 결과로 URL을 취득할 수 있습니다.

ngrok의 무료 요금제에서는 동시에 1개의 프로세스만 동작시킬 수 있습니다. 따라서 오류가 발생했다면 런타임 → 세션 관리에서 불필요한 Google Colaboratory 세션을 종료합시다.

▼ ngrok에 의한 접속

In

```
ngrok.kill() # 프로세스 종료
url = ngrok.connect(port="8501") # 접속
```

URL을 표시하고 링크에서 앱이 동작하는지 확인합니다. Google Colaboratory 서버를 이용한 일시적인 공개라는 점을 유의하세요.

▼ 앱의 url을 표시

In

```
print(url)
```

Out

```
http://            .ngrok.io
```

링크의 URL을 복사하고 브라우저 URL란에 붙여서 http를 https로 변경하고 페이지를 표시하세요. 앱 화면이 표시되는 것을 확인합시다. 그다음에 적당한 이미지 파일을 업로드하여 결과가 표시되는 것을 확인합시다.

▲ 앱의 화면(이미지 출처 : https://pixabay.com)

앞 그림의 예에서는 이미지가 적절하게 판정되고 있는 것 같습니다. 그러나 배경에 물체가 있는 경우나 대상이 여러 개인 경우는 제대로 대상을 인식하지 못하는 경우도 많습니다. 여기에는 훈련 데이터의 이미지에는 배경이 없고 이미지에 찍힌 물체는 1개뿐인 등의 이유를 들 수 있습니다.

또, 웹 카메라는 ngrok가 발행한 URL에서는 보안상 동작하지 않을 수 있습니다. 카메라의 동작 확인은 나중에 Streamlit Cloud에서 실시합시다.

7.3.8 requirements.txt의 작성

Streamlit Cloud의 서버에서 앱을 작동하기 위해서 requirements.txt를 작성해야 합니다. 이 파일에서는 필요한 라이브러리의 버전을 지정합니다. 우선 앱에서 import한 라이브러리의 버전을 확인합니다.

▼ 각 라이브러리의 버전을 확인

In

```
import streamlit
import torch
import torchvision
```

```
import PIL
import matplotlib

print("streamlit==" + streamlit.__version__)
print("torch==" + torch.__version__)
print("torchvision==" + torchvision.__version__)
print("Pillow==" + PIL.__version__)
print("matplotlib==" + matplotlib.__version__)
```

Out

```
streamlit==1.8.1
torch==1.13.1+cu116
torchvision==0.14.1+cu116
Pillow==7.1.2
matplotlib==3.2.2
```

앞의 내용을 참고하여 각 라이브러리의 올바른 버전을 기술하고 requirements.txt에 저장합니다. 또 Pillow와 matplotlib는 버전을 기술하지 마세요.

▼ requirements.txt 의 작성
In

```
with open("requirements.txt", "w") as w:
    w.write("streamlit==1.8.1\n")
    w.write("torch==1.11.0\n")   # GPU 대응은 필요하지 않으므로 cu113은
기술하지 않는다
     w.write("torchvision==0.12.0\n")   # GPU 대응은 필요하지 않으므로
cu113은 기술하지 않는다
    w.write("Pillow\n")
    w.write("matplotlib\n")
```

7.3.9 파일 다운로드하기

작성된 다음의 파일을 다운로드해 둡시다.

- app.py
- model.py
- requirements.txt

페이지 왼쪽의 파일 아이콘을 클릭하여, 작성된 파일의 오른쪽 아이콘()을 클릭합시다. 선택지가 표시되므로 다운로드를 선택합니다.

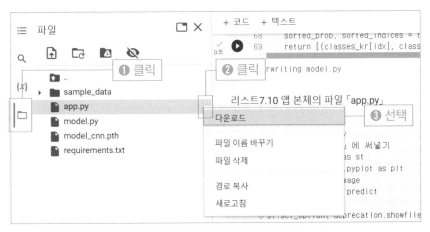

▲ 작성된 파일을 다운로드

그 결과 파일이 로컬로 다운로드됩니다. 3개의 파일을 다운로드하고 보관해 둡시다. 이 파일들은 model_cnn.pth와 함께 다음 절에서 GitHub의 저장소에 업로드합니다.

7.4 앱 배포하기

구축한 앱을 GitHub를 경유해서 Streamlit Cloud에서 배포합니다. 클라우드에서 앱이 동작하는지 확인합시다.

7.4.1 GitHub에 등록하기

GitHub의 계정이 없다면 먼저 GitHub 계정을 만듭시다. GitHub 웹 사이트를 방문해 회원가입을 합니다.

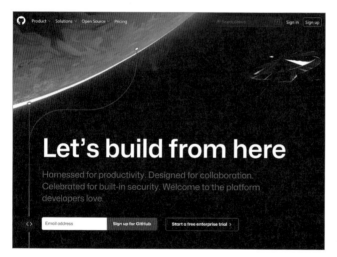

▲ GitHub의 웹 사이트

- GitHub

  URL https://github.com

홈페이지에서 Sign Up 버튼을 클릭하여 사용자 등록 절차를 진행합니다. 이메일 주소 등의 등록이 필요하며 기본적으로는 지시에 따라 절차를 진행하면 됩니다.

등록 절차 화면은 자주 바뀌기 때문에 이 책에서는 절차에 대한 자세한 설명은 하지 않습니다. 화면의 지시에 따라 등록 절차를 마칩시다.

7.4.2 저장소의 작성과 파일 업로드

다음으로 GitHub의 저장소를 작성합니다. 사용자 등록과 로그인이 완료됐으면 화면 오른쪽 위에 + 버튼이 표시됩니다. 이것을 클릭하면 메뉴가 표시되므로 New repository를 선택합니다.

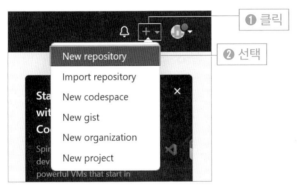

▲ 저장소의 신규 작성

그러면 Create a new repository라고 표시된 저장소의 설정 화면이 표시됩니다.

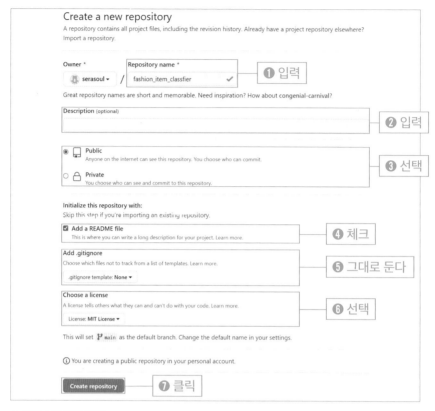

▲ 저장소의 설정 화면

이 화면에서 다음을 설정합시다.

❶ Repository name

저장소명입니다. 영문과 숫자로 원하는 이름을 붙입시다. 여기서는 fashion_item_classifier라는 이름을 붙였습니다.

❷ Description (optional)

저장소의 설명문입니다. 여기는 생략해도 됩니다

❸ Public 또는 Private

저장소를 일반에 공개할지 여부를 설정할 수 있습니다. Public으로 하면 업로 드한 소스 코드가 일반에 공개됩니다. 이번은 오픈 소스로 진행하므로 Public 으로 설정합시다.

❹ Add a README file

설명문 파일을 만들지 여부입니다. 여기에 체크 표시를 합니다.

❺ Add.gitignore

여기는 아무것도 선택하지 않아도 됩니다.

❻ Choose a license

라이선스를 선택합니다. 원하는 라이선스를 선택합시다. 그림에는 널리 사용되고 있는 License: MIT License를 선택하고 있습니다.

여기까지 설정이 끝나면 Create repository 버튼을 클릭하여(❼) 저장소를 새롭게 만듭니다.

문제없이 저장소가 작성되면 다음 그림과 같은 화면이 표시됩니다.

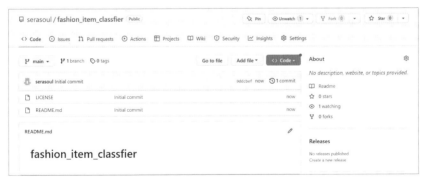

▲ 작성된 저장소

이 저장소에 지금까지 작성한 앱의 파일을 업로드합시다. 이번에 업로드하는 것은 다음 4개의 파일입니다.

- model_cnn.pth
- app.py
- model.py
- requirements.txt

이 파일들을 한꺼번에 조금 전의 저장소 화면으로 드래그&드롭합니다.

프로그레스 바가 진행된 후 다음 화면이 표시됩니다. 여기에서 Commit changes 버튼을 클릭합니다.

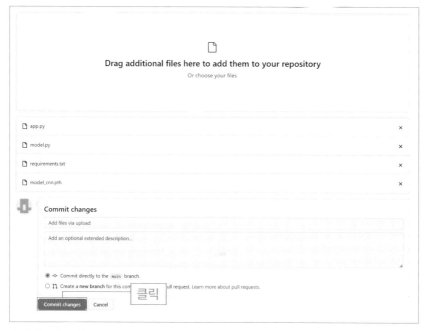

▲ 앱의 파일을 업로드

그 결과, 다음과 같은 화면이 표시되므로 4개의 파일이 추가된 것을 확인합니다. 이상으로 GitHub의 작업은 완료됩니다.

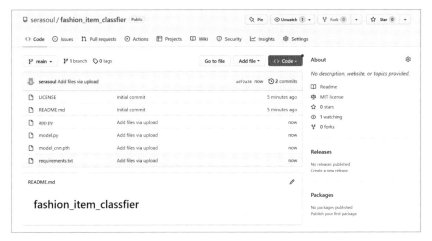

▲ 추가된 앱의 파일

7.4.3 Streamlit Cloud로 등록하기

Stream Cloud를 사용하기 위해서 먼저 사용자 등록을 진행합시다. 또한 Streamlit 웹 사이트의 화면 및 등록 절차는 변경할 수 있으므로 적당히 유연하게 대응합시다. Streamlit의 웹 사이트(https://streamlit.io)에서 Sign up for Streamlit Community Cloud 버튼을 클릭합시다.

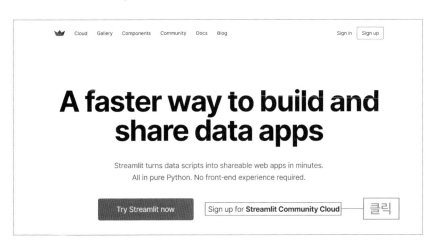

▲ Streamlit의 웹 사이트

다음 화면에서 Get Started를 클릭합니다.

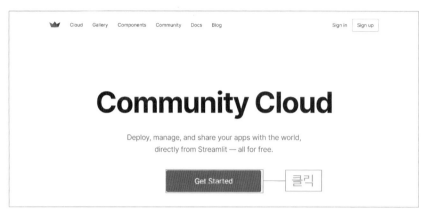

▲ Get Started를 클릭

다음으로 Get started with Streamlit Cloud라고 표시되므로 Continue with GitHub를 클릭합니다.

다음 화면에서는 Streamlit에서 GitHub에 접근할 수 있는 권한을 부여합니다. 문제가 없으면 Authorize streamlit 버튼을 클릭합니다.

▲ Continue with GitHub를 선택

▲ Authorize streamlit 을 클릭

그 결과 비밀번호 입력을 요구하므로 GitHub의 비밀번호를 입력합니다.
Confirm password를 클릭합니다.

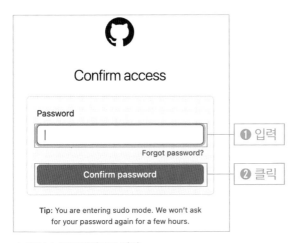

▲ GitHub 의 비밀번호를 입력

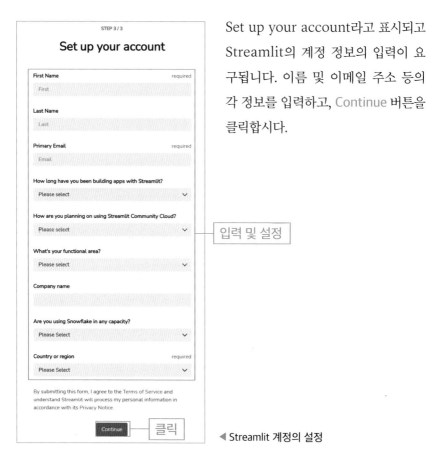

Set up your account라고 표시되고 Streamlit의 계정 정보의 입력이 요구됩니다. 이름 및 이메일 주소 등의 각 정보를 입력하고, Continue 버튼을 클릭합시다.

◀ Streamlit 계정의 설정

그러면 다음 화면과 같이 앱 일람 화면이 표시되며 아직 앱은 작성하지 않아서 비어 있습니다.

▲ 앱 일람 화면

이상으로 Streamlit Cloud을 사용하기 위한 준비가 완료되었습니다.

7.4.4 신규 앱의 등록

앞에서 본 앱 일람 화면에서 New app 버튼을 클릭합시다. GitHub로의 접근 허가가 요구되기도 하므로 문제가 없으면 Authorize streamlit 버튼을 클릭합니다. 그러면 Deploy an app 화면이 표시됩니다.

▲ 앱의 배포에 관한 설정

설정은 다음과 같이 실시합니다.

❶ Repository

조금 전 앱의 파일을 업로드한 GitHub의 저장소를 선택합니다.

❷ Branch

main을 선택합니다.

❸ Main file path

app.py를 선택합니다.

이상과 같이 설정한 후 Deploy! 버튼을 클릭합니다(❹).

Your app is in the oven이라고 표시되고 Streamlit Cloud에 배포 처리가 이뤄지는데 완료되기까지 잠시 시간이 걸립니다. 처리 과정은 화면 오른쪽의 검은색 배경 영역에 표시됩니다. 오류가 발생한 경우는 이 영역에 표시되는 오류 메시지를 읽어봅시다.

배포가 완료되면 다음과 같이 브라우저에 앱이 표시됩니다.

▲ Streamlit Cloud에 배포한 인공지능 웹 앱(이미지 출처 : https://pixabay.com)

이미지 파일을 업로드하여 문제없이 동작하는지 확인합시다. 카메라를 실행할 수도 있으므로 카메라로 찍은 이미지를 사용할 수 있는 것도 확인합시다. URL이 발행되어 있으므로 공유함으로써 많은 사람들이 사용할 수도 있습니다.

이상의 절차로 Streamlit Cloud에 인공지능 앱을 공개할 수 있습니다. 또한, 공개한 앱은 많은 기종의 스마트폰 브라우저에서도 동작합니다. 스마트폰으로 사용하면 편리성이 크게 향상되므로 관심있는 분은 URL을 입력하여 동작을 확인해 봅시다.

7.5 연습

연습의 개요에 대해서 설명합니다. 이번 장의 연습은 손글씨 숫자를 인식하는 웹 앱을 구축하여 동작을 확인하는 것입니다. 훈련 데이터에 MNIST를 사용하여 손글씨 숫자를 인식할 수 있는 인공지능 앱을 구축합시다.

MNIST는 다음과 같은 코드로 도입할 수 있습니다.

```python
from torchvision.datasets import MNIST

fashion_train = MNIST(...
```

자세한 것은 다음의 공식 문서를 참고하세요.

- MNIST

  URL https://pytorch.org/vision/stable/generated/torchvision.datasets.MNIST.html

구축한 앱에 의해 자신이 쓴 손글씨 숫자를 인식할 수 있는지 확인해봅시다. Streamlit Cloud를 사용한 앱의 공개까지는 연습에 포함되지 않지만 관심있는 분은 시도해 봅시다. 앱 공개는 자기 책임으로 부탁드립니다. 스마트폰에서 동작시킬 수 있다면 노트에 적은 숫자를 카메라로 촬영해서 인식시킬 수도 있습니다.

이번 연습에 정답 예는 없습니다. 스스로 생각하면서 구현할 수 있는 힘을 기릅시다.

7.6 정리

Chapter7에서 배운 것을 정리합니다. 이번 장에서는 이미지 인식을 위한 CNN 모델을 훈련하고 Streamlit을 사용하여 인공지능 앱을 구축했습니다. 그리고 구축한 앱을 GitHub에서 경해서 Streamlit Cloud 에 업로드하여 동작을 확인했습니다.

스스로 모델을 훈련하고 앱에 탑재해 공개할 수 있다면 다양한 아이디어를 시험할 수 있게 됩니다. 관심 있는 분은 나만의 인공지능 앱 개발에 도전해 봅시다.

마지막 인사말

이 책을 끝까지 읽어주셔서 감사합니다.

Google Colaboratory 환경에서 심층학습의 PyTorch를 구현해 보니 어땠나요? 이 책을 끝까지 읽고 코드를 마주한 분은 심층학습을 스스로 생각하고 구현할 수 있는 힘을 길렀을 거라 생각합니다. 심층학습이 더욱 친숙한 기술이 되지 않았나요? 다양한 심층학습 기술을 체험하고 어떠한 보람을 느끼셨다면 저자로서 기쁘게 생각합니다.

이 책은 저자가 강사로 있는 Udemy 강좌 [PyTorch+Colab] PyTorch로 구현하는 딥러닝 -CNN, RNN, 인공지능 웹 앱 구축-(https://www.udemy.com/user/wo-qi-xing-chang) 을 기본으로 해 [Streamlit+Colab] 인공지능 웹 앱을 손쉽게 공개하자! -Python으로 구축해 즉시 공개하는 AI 앱-의 내용 일부를 추가하였습니다. 이러한 강좌의 운용 경험 없이 이 책을 집필하는 것은 매우 어려웠을 거라고 생각합니다. 항상 강좌를 지원해 주시는 Udemy 스태프 여러분께 이 자리를 빌려 감사의 말씀을 드립니다. 또한, 수강생 여러분께서 주신 많은 피드백은 이 책을 집필하는 데 큰 도움이 되었습니다. 강좌 수강생 여러분께도 감사의 말씀을 드립니다.

또한, 쇼에이사의 미야코시 님께는 이 책을 집필할 계기를 마련해 주시고 완성을 위해 많은 노력을 기울여 주셨습니다. 다시 한번 감사의 말씀을 드립니다.

그리고 저자가 주최하는 커뮤니티 자유연구실 AIRS-Lab(www.airs-lab.jp)의 멤버들과의 교류는 이 책의 내용 개선에 큰 도움이 되었습니다. 멤버 여러분께 감사드립니다.

여러분의 앞으로의 인생에서 이 책의 내용이 어떤 형태로든 도움이 된다면 저자로서 기쁠 따름입니다.

그럼, 다음에 또 만납시다.

2022년 8월 좋은 날
아즈마 유키나가